军队高等教育自学考试船舶工程技术（专科）专业指定教材

舰船海洋环境概论

王智宇　**主　编**

宋　超　黄昆仑　葛义军　**副主编**
　　　　　方　斌　牟金磊

朱　军　**主　审**

华中科技大学出版社
中国·武汉

内容简介

本书分为五章。第1章主要介绍舰船海洋环境的定义和组成、发展历史与现状,以及海洋的划分、海底地貌形态、中国近海概况等海洋自然地理环境的基础知识。第2章主要介绍海水的性质、组成和温度、盐度,以及海流、海浪、潮汐等海洋水文环境要素的基本情况。第3章主要介绍海洋气象环境,包括基本气象知识、海面大气的平均状态、影响海洋的典型天气系统等。第4章主要介绍海洋声学基础知识和典型水文条件下的声场特征。第5章主要介绍舰船海洋环境效应的定义、分类以及海洋环境对海军作战平台和海军作战影响的典型案例。

本书为军队高等教育自学考试船舶工程技术(专科)专业指定教材,可供全国各专科院校、成人高校各相关专业选用,还可供从事海洋调查工作的工程技术人员参考。

图书在版编目(CIP)数据

舰船海洋环境概论/王智宇主编. —武汉:华中科技大学出版社,2020.8
军队高等教育自学考试船舶工程技术(专科)专业指定教材
ISBN 978-7-5680-6139-1

Ⅰ. ①舰… Ⅱ. ①王… Ⅲ. ①军用船-关系-海洋环境-军队院校-教材 Ⅳ. ①U674.7 ②X21

中国版本图书馆 CIP 数据核字(2020)第 149823 号

舰船海洋环境概论 王智宇 主编
Jianchuan Haiyang Huanjing Gailun

策划编辑:张少奇 宋 超
责任编辑:吴 晗
封面设计:刘 婷
责任监印:徐 露
出版发行:华中科技大学出版社(中国·武汉) 电话:(027)81321913
　　　　　武汉市东湖新技术开发区华工科技园 邮编:430223
录　排:华中科技大学惠友文印中心
印　刷:广东虎彩云印刷有限公司
开　本:787mm×1092mm　1/16
印　张:8
字　数:202千字
版　次:2020年8月第1版第1次印刷
定　价:28.80元

前　言

本书根据军队高等教育自学考试船舶工程技术专业（专科）《舰船海洋环境概论》自学考试大纲编写。

海洋是舰艇活动的舞台，变幻莫测的海洋环境对于舰艇的航行和作战有着重要的影响。本书介绍了舰船海洋环境的概念，将海洋环境分为海洋自然地理环境、海洋水文环境、海洋气象环境、海洋物理环境（本书只涉及其中的声场环境）四个部分进行讲解，并设置了海洋环境对于舰船航行及作战影响的内容，目的是使自学者较为系统地掌握与舰船航行及作战有关的海洋学基本知识，理解海洋环境对舰艇航行安全及作战的影响。

本书由王智宇任主编，宋超、黄昆仑、葛义军、方斌、牟金磊任副主编。具体编写分工如下：第1章由王智宇编写；第2章由宋超（2.1节）、黄昆仑（2.2节、2.3节、2.5节）、牟金磊（2.4节）编写；第3章由葛义军编写；第4章由方斌编写；第5章由黄昆仑（5.1节）、方斌（5.2节）编写。本书由朱军主审。

本书在编写中参考了《海洋科学导论》（冯士筰、李凤岐、李少菁），《军事海洋学引论》（孙文心、李凤岐、李磊），《军事海洋学概论》（张永刚），《军事海洋学概论》（周立佳等）等教材，在此对以上教材的作者一并表示感谢。

由于编者水平有限，对于部分问题的理解尚不透彻，书中难免存在不妥之处，恳请读者批评指正。

编者
2020 年 8 月

序　言

军队高等教育自学考试（下称军队自学考试）作为军事职业教育的重要组成部分，兼顾军队建设需要和官兵职业发展需求，是体现官兵终身教育和学习型军队特点的教育形式，是提升官兵科学文化水平和岗位履职能力的重要途径，对于大规模培养高素质军事人才、推进学习型军队和学习型军营建设具有重要意义。军队自学考试自1989年开办以来培养了大批人才，为军队建设做出了积极贡献。

根据调整改革后院校发展定位和主体任务，中央军委训练管理部改建和新增军兵种部队建设急需、培训需求较大的专业，并遴选专业特色优势明显的军队院校承担相应自学考试专业主考任务，充分依托军队院校优质学历教育资源发展军队自学考试。改革后的军队自学考试专业有30个，其中本科专业15个、专科专业15个。按照"专业名称军地通用化、专业课程军队特色化"的原则，海军工程大学承担船舶与海洋工程（本科）、船舶工程技术（专科）两个自学考试专业课程的建设工作。

当改革后的军队自学考试遇上蓬勃发展的网络在线学习，新的助学模式应运而生。为了更好地帮助报考该专业的考生学习和备考，我校教员在开展本职教学科研工作的同时，将所学知识和技术，按照自学考试教学的要求，以在线课程的方式通过网络共享，并出版了该专业系列课程配套的专业教材，让优质教学资源得以更广泛地传播利用。

本套教材根据军队自学考试船舶与海洋工程、船舶工程技术两个专业考生学习的实际需求编写。《舰艇总体技术》《舰艇静力学与快速性》《舰船结构与强度》《舰船原理》《舰船结构》《舰艇修造工艺》《舰船概论》《舰艇电气设备》《舰艇动力装置》九本教材涵盖舰艇基础知识、专业知识、操作使用、维护保养等各方面内容，同时还增加了《舰船海洋环境概论》和《军事管理基础》两本专业基础课教材，使得本套教材更加符合考生的认知规律，富有启发性，便于考生学习。教材充分吸纳新理论和新技术，具有一定学术性；文字表达简明流畅、深入浅出、逻辑严密，章节编排考虑到了教学对象的基础，由浅入深，由简单装置逐步延伸到复杂系统，基本满足了军队自学考试船舶与海洋工程、船舶工程技术两个专业考生的学习需求，也为所有船海相关专业学习者和从业者提供了优质的学习资源。

鉴于此，我们精心推出的系列教材和即将上线的配套慕课课程，必将为翻开此书的你加油续航，助你早日实现知识的积累和自身的蜕变！也就此机会，谨向付出了艰辛劳动的全体编写人员致以敬意，向本套教材的出版单位和慕课制作人员表示感谢。

编写组
2019 年 4 月

考 试 大 纲

Ⅰ 课程性质与设置目的

"舰船海洋环境概论"是船舶工程技术专业的专业基础课,在该专业中占有重要地位。

设置本课程的目的是使自学者了解与舰船航行有关的海洋学基本知识,掌握基本海洋环境要素的分布、变化规律以及观测方法,掌握海水运动的原因、特征以及观测方法,掌握全球海洋环境特征,了解海洋环境对舰艇航行安全及作战的影响。

通过本课程的学习,应达到以下要求:

(1) 掌握舰船海洋环境的概念、发展历史和主要研究内容;了解中国近海基本概况。

(2) 掌握海洋水文环境要素及其分布特征和海水运动的基本特征和变化规律。

(3) 掌握基本气象要素的定义,了解海面大气平均状况及典型天气系统。

(4) 掌握海洋声学的基本知识,了解典型水文条件下的声场分布。

(5) 了解海洋环境对舰艇航行、海军作战的影响。

其中重点是掌握海洋环境要素和海水运动的基本特征和变化规律,了解它们对海上军事活动的影响。

Ⅱ 考核目标

本大纲在考核目标中,按照识记、领会、简单应用和综合应用四个层次规定应达到的能力层次要求。四个能力层次是递升的关系,后者建立在前者的基础上。各能力层次的含义如下。

识记。要求考生能够识别和记忆本课程中有关概念及规律的主要内容(如定义、表达式、公式、定理、结论、方法的步骤、特点、性质及应用范围等),并能够根据考核的不同要求,作出正确表达、选择和判断。

领会。要求考生能够领悟和理解本课程中的概念及规律的内涵及外延,理解它们的确切含义,能够鉴别关于它们的似是而非的说法;理解它们与相关知识的区别和联系,并能够根据考核的不同要求作出正确的判断、解释和说明。

简单应用。要求考生能够根据已知的条件,运用本课程中少量知识点,分析和解决一般应用问题,如简单计算、绘图和分析、论证等。

综合应用。要求考生能够运用本课程中的较多知识点,分析和解决较复杂的应用问题,如计算、绘图和分析、论证等。

Ⅲ 课程内容与考核要求

第1章 绪　　论

一、课程内容

- 舰船海洋环境概述
- 海洋自然地理环境

二、学习的目的与要求

本章是课程的概述部分,通过本章的学习让自学者了解和掌握舰船海洋环境的基本概念和研究内容,知晓基本的海洋地貌形态和中国近海概况。

学习要求:

(1) 了解舰船海洋环境的研究内容、研究意义及发展历史。

(2) 掌握海陆分布、海洋的划分、海洋地貌概况等。

(3) 了解中国近海的基本概况。

本章重点是海洋的划分和海洋地貌概况。

三、考核内容与考核要求

1. 舰船海洋环境

识记:舰船海洋环境的定义、主要研究内容。

2. 海洋概况

识记:海洋的划分、海洋地貌形态、中国近海的基本概况。

第2章　海洋水文环境

一、课程内容

- 海水的组成、性质及盐度
- 海水的温度
- 海流
- 海浪
- 潮汐

二、学习目的与要求

本章是课程的主体部分,通过本章的学习让自学者了解和掌握海洋的基本水文要素,以及与舰船航行密切相关的水文环境情况。

学习要求:

(1) 掌握海水温度、盐度、密度的基本定义及变化规律。

(2) 掌握海流成因和运动规律,了解地转流和风生漂流概念、运动特征,了解大洋表层环流分布特征。

（3）了解海浪的基本特征及深水波、浅水波水质点运动特点，了解海浪在近岸的传播变化规律，了解前进波、驻波和群波概念，了解风浪与涌浪的区别和特征，了解波级与海况的区别及海浪谱。

（4）掌握潮汐产生的原因，了解引潮力和平衡潮理论，了解潮汐变化规律，掌握潮汐查算方法。

本章的重点是海水的盐度、温度和海浪、潮汐。

三、考核内容与考核要求

1. 海水的组成、性质及盐度

识记：海水的组成及性质，海水盐度的定义。

领会：盐度定义的发展历程。

2. 海水的温度

领会：全球大洋温度及密度的分布特征。

3. 海流

识记：海流的定义及分类、地转流和风海流的定义及成因。

领会：大洋表层环流分布特征。

4. 海浪

识记：波浪的定义及分类，前进波、驻波、波群的概念，风浪和涌浪的概念。

领会：风浪与涌浪的区别和特征，波浪级别与海况的区别，海浪观测方法。

5. 潮汐

识记：潮汐的定义及分类，引潮力的概念，潮汐理论。

领会：潮汐的变化规律，潮汐的观测方法。

简单运用：潮汐的查算。

第 3 章 海洋气象环境

一、课程内容

- 基本气象知识
- 海面大气的平均状态
- 影响海洋的典型天气系统

二、学习目的与要求

海上天气系统是构成舰船气象环境的主体，构成大气的基本状态的是三风四带。本章主要让自学者掌握基本的气象要素，了解大气的平均状态，理解天气系统的概念，掌握台风的命名、组成结构及成因。

学习要求：

（1）掌握基本气象要素定义、天气系统的概念、三风四带、海面风场的基本特征。

（2）了解台风的成因、特点和分布规律及其灾害性影响。

本章重点是基本气象要素，三风四带，台风的命名、结构和基本路径。

三、考核内容与考核要求

1. 基本气象知识

识记:气温、气压、湿度、风的定义,地转风的概念,天气系统的概念。

2. 海面大气的平均状态

识记:海面大气的平均状态的定义。

领会:三风四带的形成原因。

3. 台风

识记:台风的定义、结构组成、命名、基本路径。

领会:台风的成因。

第 4 章　海洋声场环境

一、课程内容

- 海洋声学的基础知识
- 典型水文条件下的声场特征

二、学习目的与要求

海洋声学是海洋声场环境的主要研究内容,通过本章的学习,使得自学者掌握海洋声学的基本知识,对于海洋声场的情况有一定了解。

学习要求:

(1) 掌握海洋声学的基本知识。

(2) 了解海水的一般声学特性以及典型水文环境下声的传播规律。

本章重点是海洋声学基本知识。

三、考核内容与考核要求

1. 海洋声学的基础知识

识记:声波的定义,声学的基本要素的定义。

领会:影响海水中声传播的主要因素、海水中声速垂直剖面特征。

2. 典型水文条件下的声场特征

识记:波导传播、反波导传播的定义。

领会:波导传播、反波导传播时的声速变化、深海声道的成因。

第 5 章　舰船海洋环境效应

一、课程内容

- 海洋环境对海军作战平台的影响
- 海洋环境对海军作战的影响

二、学习目的与要求

通过本章的学习使自学者对于舰船海洋环境效应有初步了解。

学习要求：

（1）了解舰船海洋环境效应的定义及组成。

（2）了解海洋环境对于海军作战平台的影响。

（3）了解海洋环境对于海军作战的影响。

本章重点是了解舰船海洋环境效应的定义及组成。

三、考核内容与考核要求

1. 海洋环境对海军作战平台的影响

识记：舰船海洋环境效应的定义及组成。

2. 海洋环境对海军作战的影响

领会：典型的海洋环境对于海军作战的影响的例子。

Ⅳ 关于大纲的说明与考核实施要求

一、自学考试大纲的目的和作用

自学考试大纲是根据专业自学考试计划的要求，结合自学考试的特点制定的。其目的是对个人自学、社会助学和课程考试命题进行指导和规定。

自学考试大纲明确了课程自学内容及其深度和广度，规定出课程自学考试的范围和标准，是编写自学考试教材的依据，是社会助学的依据，是个人自学的依据，也是进行自学考试命题的依据。

二、关于自学教材

自学教材：《舰船海洋环境概论》，王智宇主编，华中科技大学出版社 2020 年出版。

三、关于考核内容及考核要求的说明

（1）课程中各章的内容均由若干知识点组成，在自学考试命题中知识点就是考核点。因此，自学考试大纲中规定的考核内容是以分解为知识点的形式给出的。因各知识点在课程中的地位、作用以及知识自身的特点不同，自学考试将对各知识点分别按四个认知（或能力）层次确定其考核要求（认知层次的具体描述请参看Ⅱ考核目标）。

（2）按照重要性程度不同，考核内容分为重点内容和一般内容。为有效地指导个人自学和社会助学，本大纲已指明了课程的重点和难点，在各章的"学习目的与要求"中一般也指明了本章内容的重点和难点。在本课程试卷中重点内容所占分值一般不少于 60%。

（3）课程分为五个部分，分别为：绪论、海洋水文环境、海洋气象环境、海洋声场环境、舰船海洋环境效应，各部分在考试试卷中所占的比例大致为：15%、60%、15%、7%、3%、

本课程共 5 学分。

四、考试指导

1. 有计划的学习是考试成功的必要条件

很好的计划和组织是你学习成功的法宝。如果你正在接受培训学习，一定要跟紧课程并

完成作业。若有不理解的内容或不会做的题,要及时请教教师。若有缺需及时补上。如果你是自学者,要作切实可行的学习计划,定出学习计划表,并按计划学习。遇到不理解的问题可向学过的人请教或利用网络等工具解决。

2. 如何考试

卷面整洁非常重要。书写工整,段落与间距合理,卷面赏心悦目有助于教师评分,教师只能为他看的懂的内容打分。对于选择题,可先把明显错误的或不合理的选项排除,再考虑余下的选项。做题时,一般是先做简单的提。做题时要看清题目要求,理清解题思路再做题。注意不要漏题。

3. 如何处理紧张情绪

正确处理紧张又惧怕失败的情绪,要正面思考。如果可能,向已经通过该考试科目的人请教。考试前合理膳食,保持旺盛精力,保持冷静。在考试中,若看到试卷后出现脉搏加快、慌张失措等现象,不要急于动笔,先强迫自己冷静下来,做深呼吸放松,这有助于头脑清醒,缓解紧张情绪。

4. 答题技巧

考试前可根据考试大纲的要求将课程内容总结为"记忆线索",当你阅读试卷时一旦有思路就快速记下,按自己的步骤进行答卷。为每个考题或部分考题合理分配时间,并按时间安排进行答卷。

五、对社会助学的要求

(1) 要熟悉考试大纲对本课程总的要求和各章的知识点,准确理解对各知识点要求达到认知层次和考核要求,并在辅助过程中帮助考生掌握这些要求,不要随意增删内容和提高或降低要求。

(2) 要结合经典例题,讲清楚基本概念、定理、公式和方法步骤,重点和难点更要讲透,引导考生注意基本理论的学习;要十分重视基本的计算方法和计算技巧的讲解,帮助考生真正达到考核要求,并培养良好的学风,提高自学能力。不猜题、押题。

(3) 要使考生认识到辅导课只能起到"领进门"的作用,听懂不等于真懂,关键还在于自己学习,应要求考生课后抓紧复习,认真做题。

(4) 助学单位在安排本课程辅导时,授课时间建议不少于 20 h。

六、关于考试命题的若干规定

(1) 考试时间为 150 min,闭卷考试,允许携带计算器。

(2) 本大纲各章做规定的基本要求、知识点及各知识点下的知识细目,都属于考核的内容。考试命题既要覆盖到章(第 1 章除外),又要避免面面俱到。要注意突出课程的重点,加大重点内容的覆盖度。

(3) 不应命制超过大纲考核知识点范围的题目,考核目标不得高于大纲中所规定的最高能力层次要求。命题应看重自学者对基本概念 、基本知识和基本理论是否了解或掌握,对基本方法是否会用或熟练。不应命制与"基本"不符的偏题或怪题。

(4) 本课程在试卷中对不同能力或层次要求的分数比例大致为:识记占 50%,领会占 40%,简单应用占 10%。

(5) 要合理安排考试的难易程度,考试的难度可分为:易、较易、较难和难四个等级。每份试卷中不同难度的试题的分数比例一般为 2∶5∶2∶1,即易的占 20％,较易的占 50％,较难的占 20％,难的占 10％。

必须注意试卷的难易程度与能力层次有一定的联系,但二者不是同等的概念,在各个能力层次都有不同的难度试题。

(6) 课程考试命题的主要题型一般有单项选择题、判断题、简答题、计算题、分析计算题等。

目　　录

第1章 绪 论

1.1 舰船海洋环境概述

1.1.1 舰船海洋环境的定义和组成

什么是舰船海洋环境？舰船海洋环境指对舰船海上作业任务有着强烈作用的或较为敏感的海洋环境。例如，海洋波浪对舰船海上补给、舰载武器的使用和舰载机起飞降落等海上作业有着强烈的作用，一般在6级海况以下舰船能够正常完成这些作业任务，更高的海况下舰船不仅难以完成这些作业，甚至还会存在航渡巡逻的安全性问题。

舰船海洋环境研究的主要内容是海洋环境及其对舰船作业任务的影响。海洋环境主要包括海洋地理环境、海洋水文环境、海洋气象环境和海洋物理环境（如海洋声场环境）等。舰船作业任务包括航渡巡逻，海上补给，对空、对海、反潜和反水雷等作战。舰船海洋环境是军事海洋环境的重要组成部分。

1. 海洋地理环境

海洋地理环境主要是指海洋的地貌形态及地理特征，它主要由海体、海洋底边界、海洋边边界组成。海体是海洋中的水以及溶解或悬浮于海水中的物质、生存于海洋中的生物的总称，海洋底边界主要是指海洋沉积和海底岩石圈；海洋边边界主要指海岸带、大陆边缘、岛屿及河口等。海洋地理环境对舰船航行及海上军事活动有着重要的影响。

位于西太平洋欧亚大陆边缘的众多岛弧就是典型的海洋地理环境。所谓岛弧，是指大陆边缘连绵呈弧状的一长串岛屿。比如由千岛群岛、日本群岛、琉球群岛、菲律宾群岛等组成的东亚花彩列岛，其总长有1万多千米，被称为世界上最长的岛弧。这些岛弧既是内侧大陆的海防前哨又是进出西太平洋的必经之路，对舰船的海上活动有着重要的影响。

除岛弧外，海峡也是比较典型的海洋地理环境。比如霍尔木兹海峡（见图1.1），它连接波斯湾和印度洋，是进入波斯湾的唯一水道。海峡北岸是伊朗，南岸是阿曼，是海湾地区石油输往世界各地的唯一海上通道。因此，霍尔木兹海峡被称为西方世界的"海上生命线"。

2. 海洋水文环境

海洋水文环境主要是指海水温盐特征以及海水的运动，主要包括海水温度、盐度分布，海流、海浪、潮汐等。其主要内容属于物理海洋学的研究范畴。

我国古代就有利用海洋水文环境成功作战的例子，如明代郑成功于1661年利用鹿耳门高潮水位乘战船顺利登陆，打败荷兰殖民者收复了台湾。这也是利用潮汐进行登陆作战的比较早的战例。

第二次世界大战时期，德国在物理海洋学领域的研究遥遥领先于其他各国，所以德国军队

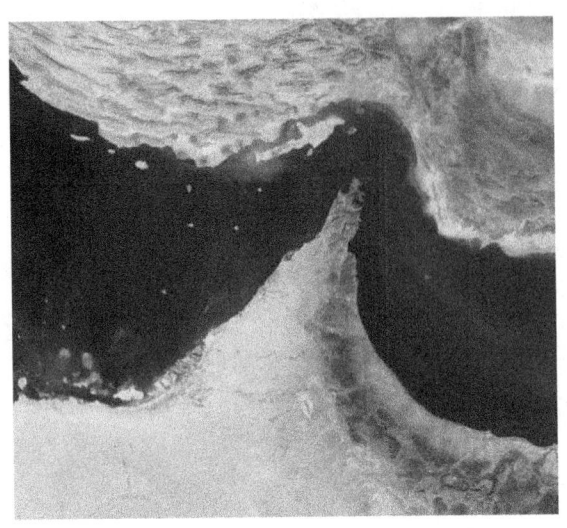

图 1.1　霍尔木兹海峡

很早便将物理海洋学的知识应用于战场。比较典型的例子就是德国潜艇利用密度流进出地
中海。

　　二战时英军在直布罗陀海峡设有监听哨以防止德国潜艇进入地中海,但是英国潜艇在地
中海内仍不时遭德军潜艇攻击,使英军甚为困惑,后来才知道原因:直布罗陀海峡上、下层流向
不同,上层系由大西洋流入地中海(风生流),下层则由地中海流往大西洋(密度流)(见图1.2),
流速2~4节,德国潜艇利用下层密度流,在接近海峡时停车随水流运动,而得以自由进出地
中海。

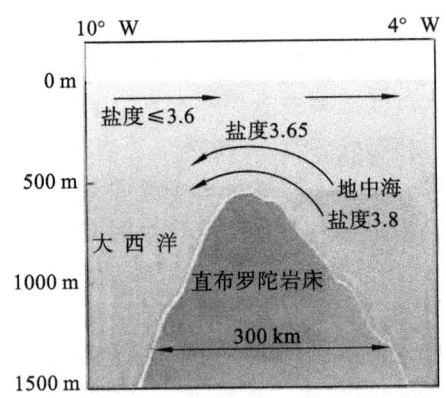

图 1.2　直布罗陀海峡海流垂直分布情形的示意图

3. 海洋气象环境

　　海洋气象环境主要指海面以上大气的平均状态以及影响海洋的典型的天气系统等。气象
环境对舰船作战的影响很大,历史上由于气象环境对舰船作战产生深刻影响的例子也很多。

　　比如元朝皇帝忽必烈因为对海洋气象缺乏必要的认识,两次派舰队东征日本都遭到台风
的袭击而几乎全军覆没。同样遭受教训的还有美军,1944年12月,一场名为"眼镜蛇"的强台
风袭击了美国海军第三舰队下辖的第38特遣舰队,在事故中,美军有3艘驱逐舰沉没,146架
飞机被摧毁或吹进海里,20多艘舰艇受到严重破坏,800余人丧生,损失仅次于"珍珠港事件"。

4. 海洋物理环境

海洋物理环境主要包括海洋声场环境、海洋光学及电磁波环境等,本书中只涉及海洋声场环境。海洋声场环境对舰船的定位、探测、通信以及作战等有着重要的影响。如果能充分利用海洋声场环境,就可占据先敌发现的有利位置,比如利用海洋中的水下声道现象可以大幅提升舰载声呐的探测距离。

1.1.2　舰船海洋环境的发展历史与现状

舰船海洋环境是军事海洋学研究的重要内容。对于舰船海洋环境的研究随着军事海洋学的发展而不断地深入,舰船海洋环境的发展贯穿于整个军事海洋学的发展历程。要了解舰船海洋环境就必须了解军事海洋学的发展历史与现状,可以说军事海洋学的发展历程包含了舰船海洋环境的发展。而军事海洋学是海洋学的应用学科,其大量应用了海洋科学的成果、方法,其发展离不开海洋科学的发展,因此,了解海洋科学的发展历史与现状对于理解军事海洋学的发展历程也是十分必要的。

1. 海洋科学的发展简介

1) 航海探险时期(15 世纪初—18 世纪末)

最早在古希腊时期,著名的哲学家亚里士多德就曾在《动物志》中记载了爱琴海的 170 余种动物,并注意到水循环的现象。在 15 世纪末到 16 世纪初的大航海时代,意大利人哥伦布 4 次横渡大西洋到达南美洲;葡萄牙人伽马从大西洋绕过好望角经印度洋到达印度;葡萄牙人麦哲伦完成人类第一次环球航行;18 世纪末英国人库克进行了 4 次海洋探险,首次完成环南极航行,并最早进行了科学考察,获取了大洋深度、表层温度、海流和珊瑚礁等资料。而我国早在 15 世纪初的明朝时期,郑和就开始了七下西洋之旅。

(1) 哥伦布横渡大西洋(1492—1504 年)。

1492 年 8 月 3 日,哥伦布受西班牙女王派遣,带着给印度君主和中国皇帝的国书,率领 3 艘百十吨的帆船,从西班牙巴罗斯港扬帆出大西洋,直向正西航去。经七十昼夜的艰苦航行,1492 年 10 月 12 日凌晨终于发现了陆地。哥伦布以为到达了印度,后来知道,哥伦布登上的这块土地,属于现在中美洲加勒比海中的巴哈马群岛,他当时给它命名为圣萨尔瓦多。

哥伦布的远航是大航海时代的开端。新航路的开辟(见图 1.3),改变了世界历史的进程,它使海外贸易的路线由地中海转移到大西洋沿岸。从那以后,西方终于走出了中世纪的黑暗,开始以不可阻挡之势崛起于世界,并在之后的几个世纪中,成就了海上霸业。

(2) 伽马绕过好望角经印度洋到达印度(1497—1524 年)。

伽马,又译为达·伽马,葡萄牙航海家,是从欧洲绕好望角到印度航海路线的开拓者。1497 年 7 月 8 日伽马受葡萄牙国王派遣,率船从里斯本出发,寻找通向印度的海上航路,船经加那利群岛,绕好望角,经莫桑比克等地,于 1498 年 5 月 20 日到达印度西南部卡利卡特 。同年秋离开印度,于 1499 年 9 月 9 日回到里斯本。伽马在 1502—1503 年和 1524 年又两次到印度,后一次被任命为印度总督。伽马通航印度,促进了欧亚贸易的发展。在 1869 年苏伊士运河通航前,欧洲对印度洋沿岸各国和中国的贸易,主要是通过这条航路实现的。这条航路的通航也是葡萄牙和欧洲其他国家在亚洲从事殖民活动的开端。

(3) 麦哲伦完成环球航行(1519—1522 年)。

1519—1522 年,麦哲伦带领 5 条船以及 230 名水手向西航行,由大西洋绕经麦哲伦海峡

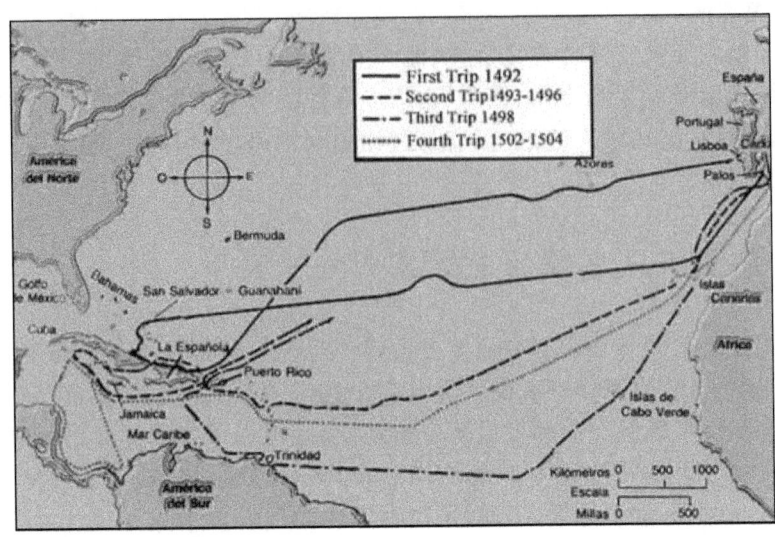

图 1.3　哥伦布的新航路

至太平洋、印度洋、非洲南端(见图 1.4),最后于 1522 年 9 月 8 日返回,此时仅剩一条船以及 18 名衣衫褴褛的水手,麦哲伦本人则死于菲律宾。麦哲伦的环球航行证明了地球为圆形的。

　　从 15 世纪末到 16 世纪初这一时期就是著名的大航海时期,对于欧洲人而言,也可称为"新世界发现期",欧洲各国纷纷向外洋探测、开发殖民地,不断"发现""新"的土地,相对也增加了欧洲人对世界地理、海洋部分的了解,同时造船工艺、航海技术均有长足发展。

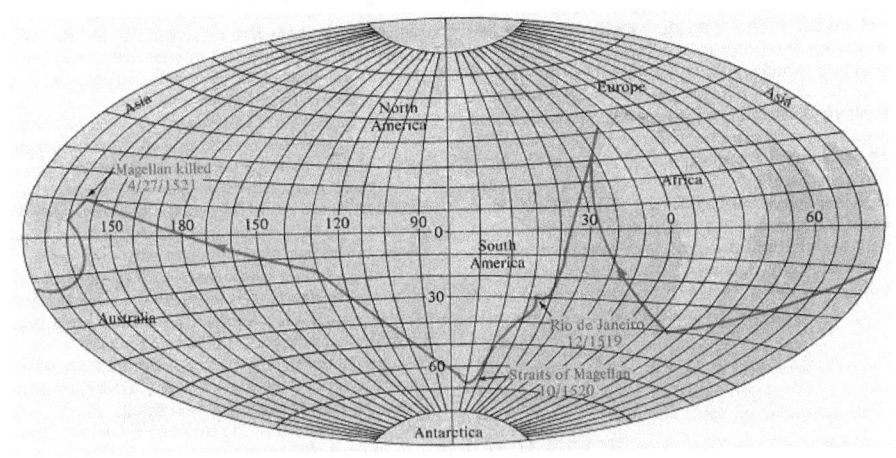

图 1.4　麦哲伦的航线

　　(4) 库克海洋探险(1768—1770 年)。

　　库克船长是 18 世纪英国最伟大的航海探险家,他曾经 3 次远渡重洋来到南半球,他不但发现了澳洲大陆,也发现了新西兰和夏威夷等太平洋的众多岛屿。1768 年 8 月他受英国格林威治天文台的委托,率领 20 名水手,驾驶著名的"Endavour"号木制帆船,航行 36000 海里,首先到达了新西兰,在回来的途中,他作为第一位英国人在悉尼港登上了澳洲大陆。几天后,他们离开了悉尼,沿着澳洲东海岸继续向北航行,后来在澳洲大陆最北端的约克角(现名库克镇),他利用上岸修船的机会,考察了当地的地理、气候和动植物,他认为这个地方适合人类的生存,所以他就将整个澳洲大陆的东海岸宣布为英国的领土,并命名为"新南威尔士"。1788

年 1 月 26 日,在菲利浦船长的率领下,第一批英国流放犯人的船队在悉尼港登陆,从此掀开了澳洲近代历史的篇章。所以后人将库克船长誉为澳大利亚的建国者,1 月 26 日定为澳大利亚的国庆日。

(5) 郑和七下西洋(1405—1433 年)。

郑和下西洋是明代永乐、宣德年间的一场海上远航活动,首次航行始于永乐三年(1405 年),末次航行结束于宣德八年(1433 年),舰队由 62 艘大船(每艘大船长约 110 m、宽 18 m)、27800 人组成,远航至东非以及阿拉伯半岛。船上设置了指北针、四分仪(见图 1.5)、测风装置,绘制了海图,发明了隔堵,使用榫结构以及金属构件造船,当时中国大船舶要比其他各国船舶大十余倍同时也更为坚固。郑和下西洋是中国古代规模最大、船只和海员最多、时间最久的海上航行,也是 15 世纪末欧洲的地理大发现航行以前世界历史上规模最大的一系列海上探险。

图 1.5　四分仪

(6) 主要技术发明和理论成果。

航海探险时期的技术发明和理论成果主要有:鲍恩发明计程仪;吉伯特发明测定船位纬度的磁倾仪;英国人玻意耳发表了有关海水浓度的论文;牛顿用万有引力定律解释潮汐;瑞士人伯努利提出平衡潮学说;法国人拉瓦锡提出测定海水成分的方法;法国人拉普拉斯首创大洋潮汐动力理论。具体如表 1.1 所示。

表 1.1　航海探险时期的主要技术发明和理论成果

时间	人员	技术或理论
1567 年	鲍恩	发明计程仪
1569 年	墨卡托	发明绘制地图的圆柱投影法
1579 年	哈里森	制造了最精确的航海天文钟
1600 年	吉伯特	发明测定船位纬度的磁倾仪
1673 年	英国人玻意耳	发表了有关海水浓度的论文
1674 年	荷兰人列文虎克	在荷兰海域最先发现海洋原生动物
1687 年	牛顿	用万有引力定律解释潮汐
1740 年	瑞士人伯努利	提出平衡潮学说

时间	人员	技术或理论
1770 年	美国人富兰克林	发表湾流图
1772 年	法国人拉瓦锡	提出测定海水成分的方法
1775 年	法国人拉普拉斯	首创大洋潮汐动力理论

2）海洋科学奠基与形成时期（19—20 世纪中叶）

这一时期开展了多次海洋调查，其中比较著名的包括：达尔文环球探险（1831—1836 年）；英国人罗斯环南极探险（1839—1843 年）；英国"挑战者"号环球航行考察（1872—1876 年）；德国"流星"号南大西洋调查（1925—1927 年）。在这些调查中观测到了许多新的海洋现象。其中英国的"挑战者"号环球航行考察被认为是现代海洋学研究的开始。

（1）达尔文环球航行考察。

达尔文以博物学家身份随着"小猎犬"号（见图 1.6），有的直译为"贝格尔"号，进行了耗时5 年的环球航行，他对航行所到之处的动植物和地质结构等进行了大量的观察和采集，出版了著名的《物种起源》，提出了生物进化论学说。

图 1.6　达尔文所搭乘的"小猎犬"号

（2）英国人罗斯于 1839—1843 年环南极考察。

1839 年英国人罗斯被选派率领探险队去寻找南磁极，为了抵御浮冰，海军部为他提供了两艘船——"黑暗"号和"恐怖"号，且船身都进行了加固。1841 年，这两艘船第一次冒险穿越一条冰带，即在南纬 72°发现并用他的名字命名的罗斯海、罗斯陆缘冰、45～60 m 高的罗斯冰障等，并沿罗斯冰障向东到达南纬 78°04′；1842 年最先到达南纬 78°09′30″；1842 年夏季至1843 年由好望角向南经威德尔海到达南纬 71°30′，并把维多利亚东岸标记在地图上。

（3）英国"挑战者"号于 1872—1876 年环球航行考察。

英国"挑战者"号的环球航行考察是现代海洋学研究的开始，此次环球航行的发起者是爱丁堡大学教授查尔斯·维韦尔·汤普森。早在 1868 及 1869 年夏季，汤普森在皇家海军的支持下分别租借到了"闪电"号、"豪猪"号两艘小型邮轮，探测了爱尔兰西方深海、葡萄牙、地中海与西部大西洋等海域。1870 年在皇家学会的支持下向海军部租借到护卫舰"挑战者"号供科考队长期使用，并于 1873—1876 年乘"挑战者"号开始环球航行，探测项目包括海水温度、盐度、比重、化学成分、海洋生物、海底沉积等(见图1.7、图1.8)。其后,经过20年的整理与研究,发表50余卷探测报告书。这是有史以来首次最详尽的海洋调查,由此也刺激了其他国家奋起直追开展海洋学研究并开始了国家之间的竞争。

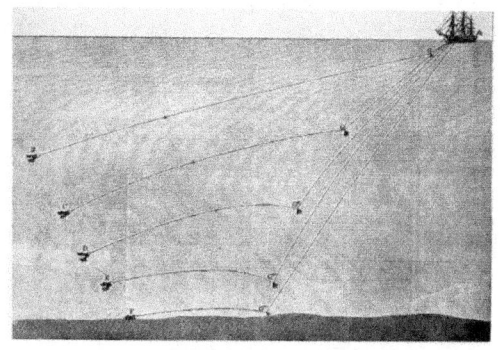

图1.7 "挑战者"号上的生物实验室　　　　**图1.8 "挑战者"号深水拖曳采样情形**

(4) 德国"流星"号于1925—1927年开展南大西洋调查。

1924年,时任柏林大学海洋研究所所长的奥地利海洋学家梅尔茨,向德国科学救援会提出了开展大西洋综合海洋调查的科学建议,并获得批准。使用"流星"号作为科学考察船,组成包括物理、化学、生物、地质、气象等专业学者在内的共123人的科考队,是当时专业最齐全、设备最先进的一次海洋调查。调查从1925年开始持续了2年零3个月,13次横穿南大西洋,完成了67000多次的回声探测调查和300多个站位的海洋水文、生物和地质调查工作。

(5) 主要理论成果。

在这一时期的海洋调查工作中观测到了许多新的海洋现象,得出了多项理论研究成果,主要有:英国海军上将蒲福提出的海面风力分级法;亨鲍提出的水色辨认法以及水温递减因素;英国人福布斯撰写的《欧洲海的自然史》;美国人莫里撰写的《海洋自然地理学》;英国人达尔文撰写的《物种起源》;迪特马提出的海水主要溶解成分的恒比关系;桑德斯特朗和海兰-汉森提出的深海海流的动力计算方法;埃克曼提出的漂流理论;莫里撰写的《深海沉积》;斯韦尔德鲁普、约翰逊、福莱明三人合著的《海洋》。其中著作《海洋》因全面、系统而深入地总结了海洋科学的发展和研究,被誉为海洋科学建立的标志。

3) 现代海洋科学时期(20世纪中叶至今)

第二次世界大战对海洋科学的发展产生了很大的影响,一方面军用学科迅速发展,另一方面,非军用学科的发展被延缓。战后海洋科学又得以恢复和迅速发展,进入现代海洋科学的新时期,而多个全球性的海洋研究组织机构的成立,使得国际间的海洋调查合作成为可能,同时伴随科技的不断进步,众多新的技术和手段不断运用于海洋调查,对海洋科学产生了深远的影响。

(1) 海洋研究的组织机构。

到目前为止,成立的全球性的海洋研究组织机构主要有:国际海洋考察理事会(ICES);世界气象组织(WMO);政府间海洋学委员会(IOC,简称海委会);国际海洋物理科学协会(IAPSO);海洋研究科学委员会(SCOR);国际生物海洋学协会(IABO);海洋地质学委员会(CMG)等。

（2）国际合作调查。

比较有影响的国际合作调查主要有：世界大洋环流试验（WOCE）；大洋钻探计划（ODP）；全球海洋通量研究（JGOFS）；热带大洋及其与全球大气的相互作用（TOGA）；热带海洋全球大气耦合响应试验（TOGA-COARE）；气候变率和可预报性研究计划（CLIVAR）；1994 年 11 月正式生效的《联合国海洋法公约》；ARGO 全球海洋观测网。

（3）先进的技术手段。

目前采用的新技术手段主要有：

①专门设计的海洋调查船（性能更好，设备更先进）。

②先进的科学仪器——计算机、微电子、声学、光学仪器（CTD、ADCP、锚泊海洋浮标、地层剖面仪、侧扫声呐）。

③遥感技术的应用——气象卫星、海洋卫星。

④先进的探测设备——潜水器、水下实验室、水下机器人。

（4）新的进展和发现。

新的进展和发现主要有：板块构造学说；海底热泉的发现；海洋中尺度涡旋和热盐细结构的发现和研究；大洋环流理论；海浪谱理论；海洋生态系；热带大洋和全球大气变化等。

当今世界人口、资源、环境三大问题，几乎都可以从海洋中寻求出路。1997 年世界海洋委员会把当前海洋科技归结为四类：科学文化进步；探索和开发海洋财富；生命支持系统研究和保护；其他包括海洋管理、海洋经济学、理论学海洋培训和教育等在内的系列问题。

4）中国的海洋科学

（1）历史的贡献。

最晚在 11 世纪末我国就已经将指南针应用于航海，后来指南针经阿拉伯人传入欧洲；早在东汉时思想家王充就指出了潮汐与月相的相关性；唐代的窦叔蒙撰写的《海涛志》建立了世界上最早的潮汐推算图解表；燕肃《海潮论》分析了潮汐与日、月的关系，潮汐的月变化以及钱塘江涌潮的地理因素；明朝时郑和七下西洋，他的《郑和航海图》绘制了 846 个岛屿和 11 种地貌类型。

（2）艰难的历程。

1928 年，青岛观象台设立海洋科；1931 年，中华海产生物学会成立；1935 年，太平洋科学协会海洋学组中国分会成立；1935 年，中央研究院动植物研究所组织了首次青岛至秦皇岛沿线调查；1946 年，山东大学、厦门大学和台湾大学分别创立了海洋研究所，厦门大学成立了海洋学系。

（3）美好的未来。

1984 年中国首次派出南极考察队；1985 年组建南极长城站；1989 年建成南极中山站；1991 年，联合国国际海底管理局批准中国申请太平洋国际海底矿区 $15 \times 10^4 \ km^2$ 的国际海底矿区优先开采权，1991 年，中国首次参加世界大洋环流试验调查；1992 年，完成了历时 7 年的中日黑潮合作调查研究；1995 年，开始了中日副热带环流合作调查研究；1995 年，中国首次远征北极，科学考察队到达北极点。

进入 21 世纪以来，我国海洋科学事业获得了更快的发展。2004 年 7 月建成了我国第一座北极考察站——黄河站；2005 年"大洋 1 号"科考船在郑和下西洋 600 周年之际首次进行全球科学考察，2007 年 3 月在西南印度洋中脊发现新的洋底热液活动区，并抓取到烟囱体和生物样品，2008 年又在东太平洋发现 5 个新的洋底热液活动区，且首次发现一个以地幔为基底的多金属硫化物区;2009 年 10 月用水下机器人"海龙 2 号"在 2700 m 深处发现高 26 m、直径 4.5 m 的黑烟囱。在不断取得新发现的同时,我国在海洋调查平台的发展上也取得了长足的进步,"科学号"海洋综合调查船的服役以及"蛟龙号"载人潜水器的成功研制都标志着我国海洋科学的发展进入了一个全新的时代。

2. 军事海洋学的发展简介

1) 军事海洋学的发展历史

美国著名的海洋学家海军上尉莫里(1806—1873)于 1855 年发表权威著作《海洋自然地理学》。莫里通过航海日志等收集数据资料,研究了墨西哥湾流的运行路线,利用海流的流势,缩短了舰船的航期。

而现代军事海洋学产生于第二次世界大战,当时水声学(特别是声呐技术)、波浪和潮汐预报技术在战争中发挥了重要作用,比较著名的就是德国的"狼群"战术与盟军的反潜战。正是海上战争的需求极大地促进了人类对海洋的研究,并在海洋科学中分出"军事海洋学"这一研究领域。

第二次世界大战后的冷战时期的美国和苏联两个超级军事大国,为保持其海军在全球大洋上的支配地位,也为了满足其水下作战的军事需求,各自开展了军事海洋学研究,极大地促进了军事海洋学的发展。

以美军为例,在美国,军事海洋学又被称为海军海洋学。美国海军近代对军事海洋学的研究,大体上经历了以下三个阶段:

二次大战后,美国海军为发展海洋学及其他科研工作,迅速组建了一批机构,如:海军研究办公室、美国海军研究局(ONR)、美国海军研究实验室(NRL)等。

这一阶段的研究,侧重于海洋气象和海洋水文要素的分析与预报,主要服务于两栖登陆作战、大洋航海水文气象保障以及反潜作战。最具代表性的是海军海洋学家 James 利用海洋气候学资料和实时环境资料,确定大洋最佳航线的应用技术研究工作。另外,海军的海洋学家们利用 Sverdup-Munk 有效波技术,估算波浪和拍岸浪状况,成功保障了美军侵朝战争期间在仁川的登陆战。

冷战时期,美国海军在 1959 年制订了世界上第一个军事海洋学发展规划——《海军海洋学十年规划》。随后的 20 年,海洋科学快速发展,大规模的国际海洋调查启动,海洋科学的研究成果直接推动了军事海洋学和海战场环境学的快速发展。

这一阶段,美苏两国海军在全球大洋上的对抗,促进了双方以潜艇战和反潜战海洋环境保障服务为目标的研究和系统的建立。例如:美国海军海洋研究局研制并建立了世界范围的模块化数据同化系统和海洋环境气候背景场数据库,该系统随着监测的不断进行和数据同化技术的发展,功能越来越完善,不但能为海军提供环境决策支持,同时还可为海洋环境预报提供初始场。现今美国海军舰队数值海洋预报中心的成熟业务化系统,大多是在上述期间开发研制的,例如海军战术环境保障系统。

冷战结束后至今,美军军事海洋学的重点即转向以快速海洋环境评估和以水下战、一体化作战为核心的海洋战术保障系统建设。这期间,美军研制并投入业务化运行的两大分析预报保障系统,分别是综合指挥反潜预报系统和通用业务化模型与模拟系统。前者主要装备于航空母舰和岸基反潜指挥中心,用于声场分析、声呐作用距离预报、目标威胁特征和战场态势分析;后者能够提供广泛的建模与模拟服务(包括浅海温、盐、流、潮以及声场快速反应预报)和用于反潜和水雷战以及两栖作战的 C⁴I 系统决策支持。

特别是自 20 世纪 90 年代以来，美国基于"前沿存在，由海向陆"的战略指导思想，推动了海洋环境效应项目和海洋环境保障系统项目的技术发展。代表成果就是海洋战场的快速环境评估（REA）系统。所谓 REA 是通过先进的多传感器数据融合技术和卫星通信网数据传输技术，向海上作战单元（舰艇分队、潜艇、作战飞机等）提供作战现场战术指挥所需的实时环境数据支持和战术辅助决策支持。

我国军事海洋学的提出和研究相对较晚，1992 年，中国科学院苏纪兰院士在致原中央军委副主席刘华清同志的一封信中首次提出，维护国家的海洋权益必须依靠国家的海上力量，必须大力发展军事海洋科学。2001 年 3 月，中国科学院院士冯士筰、邱大洪、刘光鼎和赵柏林在政协第九届第四次会议上提交了《关于建设"军事海洋学教学和研究基地"的建议案》。丁德文院士为发展军事海洋生态学做了很多应用型工作，中国工程院潘德炉院士为海洋卫星遥感技术在军事海洋学中的应用奠定了理论基础，并提出许多指导意见。随后，海军大连舰艇学院、海军工程大学、解放军理工大学以及中国海洋大学相继开设了军事海洋学本科专业，培养了数百名军事海洋专业的技术人才。但是应该看到，目前国内军事海洋学人才还是较为缺乏，在高等教育体系中，开设军事海洋学专业的院校很少，国内的军事海洋学研究成果与技术、战术应用体系尚未有效结合，可以说我们还任重而道远。

2）军事海洋学发展前景

随着现代科学与技术的发展，军事海洋学发展趋向于两个细化的方向：以军事指挥和作战规划为应用方向的研究海洋环境效应的军事指挥海洋学；以舰艇装备和武器系统论证设计为应用方向的研究海洋环境效应的军事装备海洋学。军事海洋学主要研究内容如下。

（1）海上作战战法。各级海上指战员了解并利用环境因素以取得军事优势，是现代高技术条件下作战的一个主要方面。掌握海洋环境参数及其变化与掌握敌情态势同等重要，是在作战准备和临战对抗行动中取得主动权所不可或缺的条件。只有准确了解战区水面、水下和海空的敌情与环境态势信息，并对其进行整合，才能制订科学的作战方案，才能做好对空、对海、对港或对岸的战斗部署，也才能迅速跟踪、识别瞄准威胁目标并提高远距离精确打击能力。与此同时，还需掌握港口、基地、航道及附近海区的敌情和环境信息。

（2）海上军事装备论证与设计。海洋跃层对潜艇活动有重大影响；磁场变化影响舰艇的磁目标特性；舰船装备必须适应海洋环境条件的制约；星载、机载和舰载的探测、通信设备，都与电磁波在海空介质中的传播特性和品质相关；海杂波、云雨杂波影响雷达探测和导弹精确制导；大气品质和云雾对光传输影响很大；声呐设备和鱼雷声制导装置与海表、海体、海底的水声传播特性相关；海洋环境对水下发射导弹、导弹出水和鱼雷入水的声学因素起重要作用；低空风影响炮弹和导弹的弹道；潜艇坐底与海底地质相关等。监测并掌握作战海区的海洋环境要素就有可能使舰艇的武器系统和探测设备的设计达到最优化。

（3）海洋环境调查。针对空间、沿岸、水面及水下对海洋环境进行立体监测。

（4）建设海洋环境保障体系。军事海洋环境信息系统建设、军事海洋环境数值预报业务化系统建设、海军作战平台海洋环境保障系统建设。

（5）海洋环境信息技术。利用空间技术、地理信息系统（GIS）技术、可视化技术，以及计算机网络技术，使海洋战场环境信息向空间化、可视化、产品化和网络化发展。

1.2 海洋自然地理环境

1.2.1 地球与海洋

1. 地球的形状与大小

地球是什么形状的？一般来说地球的形状是指全球静止海面的形状，即一个等位势面的形状。全球静止海面是既不考虑地表海陆差异，也不考虑海陆地势起伏的静止海面。在海洋上它是不考虑波浪、潮汐和海流的存在，海水完全静止的海面；在大陆上是海洋上的静止海面向大陆之下延伸的假想"海面"。两者总称大地水准面，它是陆上高程的起算面。因此，理想的地球形状就是大地水准面的形状，即一个正球体的形状。但实际上，大地水准面只能反映地球的宏观轮廓，而不能反映地表起伏的变化。另外，我们都知道地球是绕着地轴自西向东不停自转的，因此必然产生惯性离心力，这就使得地球沿着赤道面向外膨胀而沿着两极向内收缩，这样一来地球应该更接近一个椭球体（见图 1.9）。第 16 届国际大地测量和地球物理协会根据人造地球卫星的测量资料修订了地球形状的参数（见表 1.2），并推荐由修订的参数表示的旋转椭球体作为大地测量的参考面。

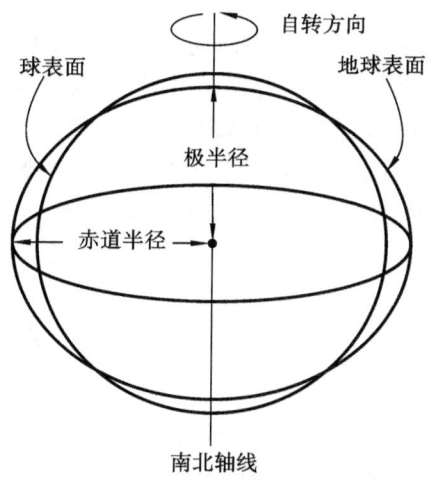

图 1.9 地球形状示意图

表 1.2 表示地球形状的主要参数

参数	计算式	值	参数	计算式	值
赤道半径	R_1	6378.140 km	赤道周长	$2\pi R_1$	40075.036 km
极半径	R_2	6356.755 km	子午线周长	$2\pi R_2$	39940.670 km
平均半径	$R=(R_1^2 R_2)^{1/3}$	6371.004 km	表面积	$4\pi R^2$	510064471.9 km^2
扁率	$(R_1-R_2)/R_1$	0.0033528	体积	$4/3\pi R^3$	10832.069×10^8 km^3

但是与椭球体相比，地球的北极凸出 14 m，南极凹进 24 m，赤道至 45°N 间向内凹进，赤道至 60°S 间向外凸出，将其夸张一点表示就得出了图 1.10 所示的梨形地球。那么地球到底是什么形状呢？通过数据我们知道和地球庞大的半径相比凹凸的高度可以忽略掉，并且地球

的扁率也非常小,因此我们通常把地球近似为一个正球体。

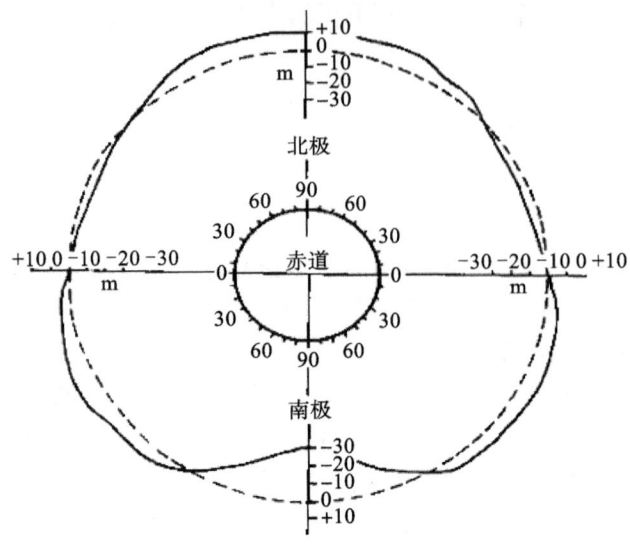

图 1.10 "梨形地球"示意图

2. 地球的圈层结构

1) 地球的内部圈层

地球物理学家依据天然地震波传播方向和速度,推断出地球内部物质呈同心圈层结构(见图 1.11)。各圈层间存在着地震波速度变化明显的界面(或称为不连续面)。其中最重要的有莫霍面(M 面)和古登堡面(G 面),它们将地球内部由内到外分成地核、地幔和地壳三大圈层。

地核:以 G 面与地幔分界,其成分可能相当于铁陨石,主要是铁以及 5%~20% 的镍和少量硅、氧。根据地震波的传播将其分成液态外核和固态内核。

地幔:位于 M 面与 G 面之间,厚度约 2800 km,质量和体积分别占地球的 67.6% 和 83%,由铁、镁、硅酸盐物质组成。

地壳:M 面以上的岩石物质层,其厚度变化很大,海底不足 5 km,大陆造山带 70 km,平均 15 km。

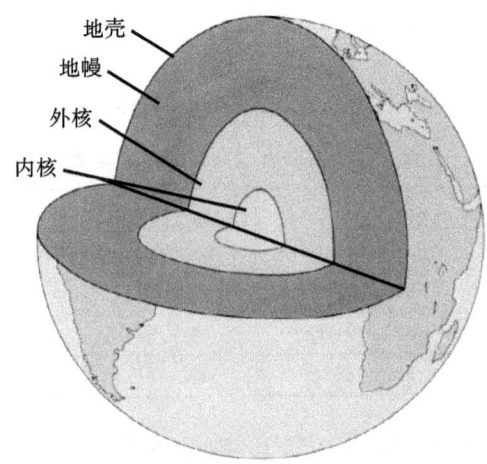

图 1.11 地球内部圈层

2) 地球的外部圈层

地球固体表面以上,根据物质性状可以分为大气圈、水圈和生物圈,它们总称为地球外部圈层(见图 1.12)。大气圈是包围着地球的气体,厚度有几万千米,总质量约 5136×10^8 t。由于受地心的引力,以地球表面的大气最稠密(约有 3/4 集中在地面到 100 km 高度范围内,1/2 集中在地面至 10 km 高度范围内),向外逐渐稀薄,过渡为宇宙气体,故大气圈无明确的上界。水圈是地球表层的水体,占地球总质量的 0.024%。其中绝大部分汇集在海洋里(占总水量的 97%),另一部分分布在陆地上河流、湖泊、沼泽和表层岩石的孔隙中。此外,地球上的水还以固态水(两极和山地的冰川)或水汽的形式存在,其中冰川约占总水量的 2%。陆上江河湖沼的水或直接或通过水汽、地下水与海洋相通。生物圈是地球上生物(包括动物、植物和微生物)生存和活动的范围。

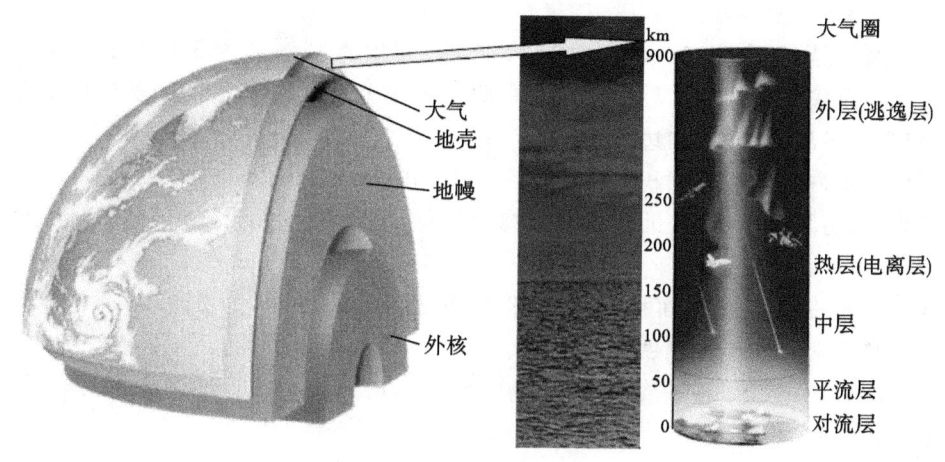

图 1.12 地球外部圈层

3. 海洋的定义及水文特征

1) 地表海陆分布

地球表面总面积约 5.1×10^8 km²,分属于陆地和海洋。如以大地水准面为基准,陆地面积为 1.49×10^8 km²,占地表总面积的 29.2%;海洋面积为 3.61×10^8 km²,占地表总面积的 70.8%。由此可见地表面积的大部分为海水所覆盖。地球上的海洋是相互连通的,构成统一的世界大洋;而陆地是相互分离的,没有统一的世界大陆。地表海陆分布也极不均衡。在北半球,陆地占其总面积的 67.5%,在南半球,陆地占总面积的 32.5%。北半球海洋和陆地的比例分别为 60.7% 和 39.3%,南半球海陆比例分别是 80.9% 和 19.1%。如果以经度 0°、38° N 的一点和经度 180°、47° S 的一点为两极,把地球分为两个半球,海陆面积的对比达到最大程度,两者分别称"陆半球"和"水半球"。陆半球的中心位于西班牙东南沿海,陆地约占 47%,海洋占 53%;这个半球集中了全球陆地的 81%,是陆地在一个半球内最大的集中。水半球的中心位于新西兰的东北沿海,海洋占 89%,陆地占 11%;这个半球集中了全球海洋的 63%,是海洋在一个半球的最大集中。这就是它们分别称为陆半球和水半球的原因。

2) 洋及其水文特征

海洋的主要部分称为洋或大洋,是海洋主体部分。洋一般远离大陆,面积广阔,约占海洋总面积的 90.3%,深度一般大于 2000 m,海洋要素(盐度、温度等)不受大陆影响,盐度平均为 35,年变化小,具有独立的潮汐系统和强大的洋流系统。

3）海及其水文特征

海洋的附属部分叫作海、海湾、海峡，是海洋的边缘部分。全球共有 54 个海，面积占世界海洋总面积的 9.7%；海较浅，平均深度一般在 2000 m 以内。其温度和盐度等海洋水文要素受陆地影响很大，有明显的季节变化。水色低，透明度小，没有独立的潮汐和洋流系统，潮汐涨落往往比大洋显著，海流有自己的环流形式。

1.2.2　海洋的划分

1. 洋的划分

1）地理划分

地球有四大洋：太平洋、大西洋、印度洋、北冰洋。

太平洋面积最大，占地表总面积的 1/3，海洋表面积的 1/2；平均深度为 4028 m，东西最宽达半个赤道。海底地形：东部以洋脊为主；东北部为洋盆，上有断裂带；中部海山集中，群岛很多；北部和西部多岛弧、海沟和边缘海。

大西洋面积占世界大洋面积的 1/4，平均深度 3627 m，海沟 4 个，最深 9218 m。大西洋洋脊横贯南北，赤道附近窄，分南北大西洋。海岸形态：南部平直无附属海；北部迂回曲折，多岛屿、港湾和附属海。

印度洋面积占世界大洋面积的 1/5，平均深度超过大西洋，为 3897 m，最深处 7450 m。"人"字形洋脊由南而北扩张速度减小。

北冰洋面积最小，水浅，平均深度为 1200 m。有人称其为北极地中海。具有世界上最宽的大陆架，为 1000 km。

2）海洋学划分

海洋学上将 45°S 至南极大陆间的广阔水域，即南极洲大陆附近连成一片的水域，称为南大洋或南极海域。也就是说在海洋学上大洋分为太平洋、大西洋、印度洋、北冰洋、南大洋，比地理学上多划出的一个大洋在南极洲（见图 1.13）。南大洋具有独特的潮波系统和环流系统。

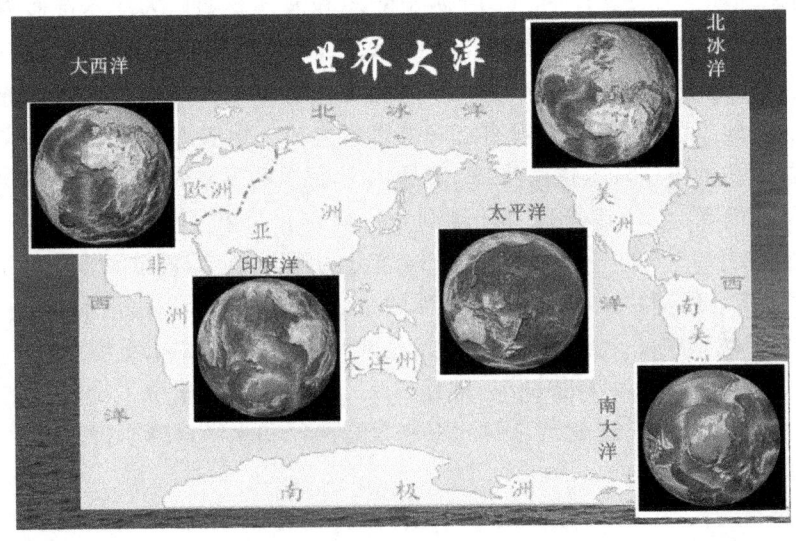

图 1.13　海洋学上的大洋划分

2. 海的分类

1）地理位置划分

根据海所处的位置可将其分为陆间海、内陆海和边缘海（见图 1.14）。

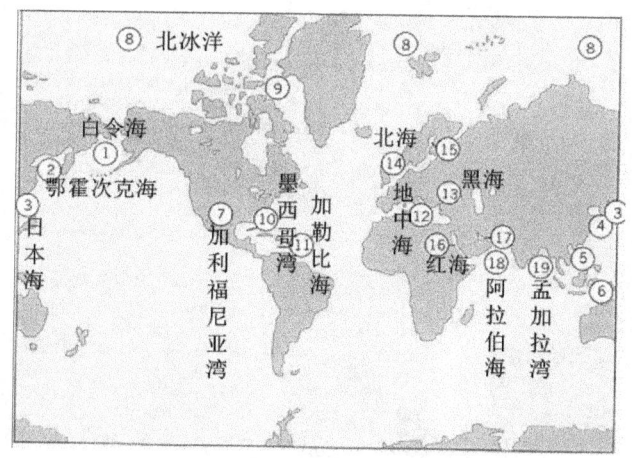

图 1.14　部分海的位置

①白令海；②鄂霍次克海；③日本海；④黄海；⑤南海；⑥亚洲的地中海；⑦加利福尼亚湾；
⑧北冰洋；⑨北极地中海；⑩墨西哥湾；⑪加勒比海；⑫地中海；⑬黑海；⑭北海；
⑮波罗的海；⑯红海；⑰波斯湾；⑱阿拉伯海；⑲孟加拉湾

陆间海：陆间海是指位于大陆之间的海，面积和深度都较大，如地中海和加勒比海。

内陆海：是伸入大陆内部的海，面积较小，其水文特征受周围大陆的强烈影响，如渤海和波罗的海等。

边缘海：位于大陆边缘的海，以半岛、岛屿或群岛与大洋分隔，但水流交换通畅，如东海、日本海等。

陆间海和内陆海一般只有狭窄的水道与大洋相通，其物理性质与化学成分与大洋有明显差别。

2）连通性划分

按其连通性可分为海湾、海峡。

海湾是洋或海延伸进大陆且深度逐渐减小的水域，一般以入口处海角之间的连线或入口处的等深线作为与洋或海的分界。其海洋状况与邻接海洋很相似，但海湾中常出现最大潮差，如我国杭州湾最大潮差达 8.9 m。

海峡是两端连接海洋的狭窄水道。海峡最主要的特征是流急，特别是潮流速度大。由于海峡往往受不同海区水团和环流的影响，故其海洋状况通常比较复杂。

1.2.3　海底地貌形态

海底地貌形态主要划分为海岸带、大陆边缘和大洋底三个区域（见图 1.15 和图 1.16）。

1. 海岸带

世界海岸线全长 $44×10^4$ km，它是陆地和海洋的分界线。由于潮位变化和风引起的增水-减水作用，海岸线是变动的。水位升高便被淹没，水位降低便露出的狭长地带即是海岸带（见图 1.17）。

图 1.15　海岸带、大陆边缘和大洋底

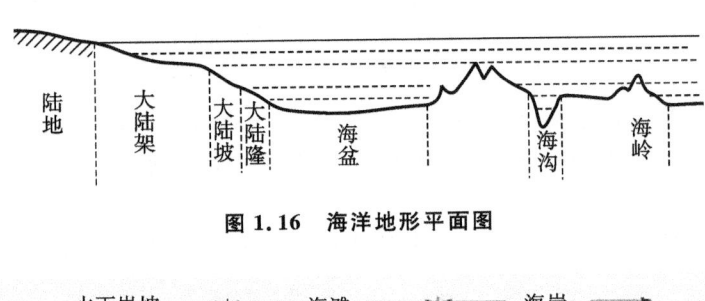

图 1.16　海洋地形平面图

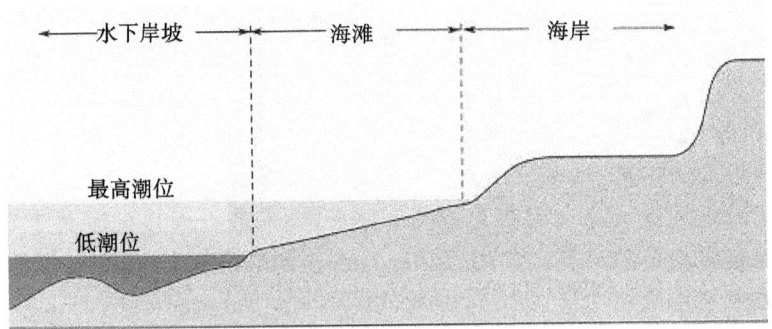

图 1.17　海岸、海滩、水下岸坡示意图

海岸带是海陆交互作用的地带。海岸地貌是在波浪、潮汐、海流作用下形成的,一般包括海岸、海滩和水下岸坡三部分。

海岸:高潮线以上狭窄的陆上地带,大部分时间裸露在海水面之上,仅在特大高潮或暴风浪时才被淹没,又称潮上带。

海滩:是高低潮之间的地带,高潮时被淹没,低潮时露出水面,又称潮间带。

水下岸坡:是低潮线以下直到波浪作用所能达到的海底部分,又称潮下带。

2. 大陆边缘

大陆边缘是大陆与大洋之间的过渡带,按构造活动性分为稳定型和活动型两大类。

1) 稳定型大陆边缘

稳定型大陆边缘没有活火山,也极少有地震活动,反映了近代在构造上是稳定的,大西洋两侧的美洲、非洲大陆边缘比较典型,故也称大西洋大陆型边缘,此外稳定型大陆边缘也广泛出现在印度洋和北冰洋周围。稳定型大陆边缘由大陆架、大陆坡和大陆隆三部分组成(见图1.18)。

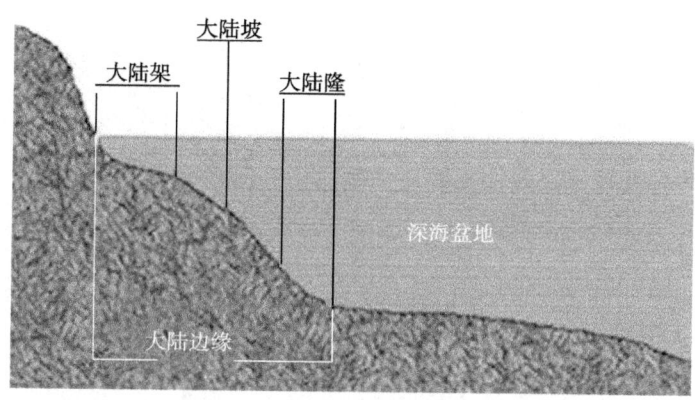

图 1.18 由大陆架、大陆坡、大陆隆组成的稳定型大陆边缘

大陆架是大陆周围被海水淹没的浅水地带,是大陆向海洋底的自然延伸。其范围从低潮线起以极其平缓的坡度延伸到坡度突然变大的地方为止。坡度陡然增加的地方称为陆架坡折或陆架外缘,因此陆架外缘线不是某一特定深度。

1958 年国际海洋法会议通过《大陆架公约》,大陆架定义为:邻接海岸但在领海范围以外的海底区域的,其上海水深度不超过 200 km 的海床和底土,或虽超过 200 km 而其上海水深度仍使该区域天然资源有开发的可能性者;邻近岛屿与海岸的类似海底区域的海床与底土。

大陆架的特点:海岸线到水深 200 m 以内,平均深度为 133 m;宽度为 1～1000 km,平均宽度为 75 km;平均坡度为 0.1°;地壳由硅质花岗岩构成。大陆架的宽度和深度变化比较大。北冰洋大陆架宽度可超过 1000 km,北冰洋的西伯利亚和阿拉斯加宽度为 700 km 以上,外缘深度不足 75 m,但其东面的加拿大外陆架宽度约 200 km,大陆架外缘深度却超过 500 m。东海大陆架最大宽度达 500 km 以上,大陆架外缘深度超过 500 m。

大陆坡是一个分开大陆和大洋的全球性巨大斜坡,其上限是大陆架外缘(陆架坡折),下限水深变化较大。稳定型大陆边缘的大陆坡一般宽度大,坡度小,大西洋为 3°05′,印度洋为 2°55′,坡度小于世界平均值,全球最陡的海域也分布在稳定型大陆边缘,斯里兰卡岸外陆坡达 35°～45°。地貌形态:深且陡峭的 V 形海底峡谷,深海平坦面。

大陆隆是自大陆坡坡麓缓缓倾向洋底的扇形地,位于水深 2000～5000 m 处。大陆隆表面坡度平缓,沉积物厚度巨大,常以深海扇的形式出现。

2) 活动型大陆边缘

活动型大陆边缘是全球地壳活动最强烈的构造活动带,集中分布在太平洋东西两侧,故又称为太平洋型大陆边缘。它的最大特征是具有强烈而频繁的地震(释放能量占全世界的80%)和活火山(活火山占全世界80%以上)活动(见图1.19)。

活动型大陆边缘以深邃的海沟与大洋底分界。海沟是由于板块的俯冲作用而形成的深水(>6000 m)狭长洼地,往往作为俯冲带的标志。海沟长数百米至数千千米,宽度数千米至数十千米,横剖面呈现不对称的 V 形,一般是陆侧坡陡而洋侧坡缓。全球已识别的海沟有 20 多条,绝大部分分布在太平洋周缘,其中深度超过万米的 6 条海沟也全部在太平洋。

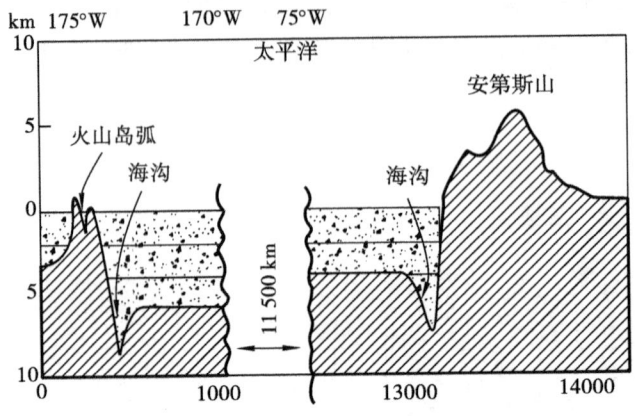

图 1.19　活动型大陆边缘

3. 大洋底

1）大洋中脊

大洋中脊是大洋中的山脉或隆起,成因相同、特征相似。大洋中脊北端在各大洋分别延伸上陆,南端互相连接。顶部水深大多在 2～3 km,高出盆底 1～3 km,宽数百至数千千米不等。面积占洋底面积的 32.8%,全长 7 万余千米,具有全球规模。

2）大洋盆地

大洋盆地是指大洋中脊坡麓与大陆边缘之间的广阔洋底,其上分布正地形和负地形(见图 1.20 和图 1.21)。正地形有海底山、海峰、海底平顶山、海隆、海台、海岭、海丘等;负地形有海盆、海槽。

图 1.20　大西洋与印度洋之海底地形

图 1.21　太平洋之海底地形

1.2.4　中国近海及地貌形态

1. 中国近海概况

中国位于亚洲大陆的东南部、太平洋的西侧,大陆岸线总长度达 18×10^3 km 之多。邻近海域陆架宽阔,地形复杂,纵跨温带、副热带和热带三个气候带,四季交替明显,沿岸径流多变,因而具有独特的区域海洋学特征。

中国近海,依传统分成四个海区,即渤海、黄海、东海和南海。

1）渤海

渤海是深入中国大陆的近封闭型的一个浅海,仅通过东面的渤海海峡与黄海相连通;其北、西、南三面均被陆地所包围,邻接辽宁、河北、山东三省和天津市。渤海海峡北起辽东半岛南端的老铁山角（老铁山头）,南至山东半岛北端的蓬莱角（登州头）,宽度约 106 km。渤海的总面积为 7.7×10^4 km²,东北至西南的纵长约 555 km,东西向的宽度为 346 km,海区平均水深仅 18 m,最深处也只有 86 m,位于老铁山水道南支谷底。

2）黄海

黄海是全部位于大陆架上的一个半封闭的浅海,习惯上分为南、北两部分。黄海的面积比渤海大得多,仅北黄海就有 7.13×10^4 km²,已可与渤海相比拟,南黄海的面积更大,为 30.9×10^4 km²,比渤海大 3 倍多。北黄海平均水深 38 m,南黄海平均水深 46 m,整个黄海总平均水深 44 m。最深处140 m,位于济州岛北侧。

3）东海

东海位于我国岸线中部的东边,是西太平洋的一个边缘海,东海西有广阔的大陆架,东有深海槽,故兼有浅海和深海的特征。东海的总面积为 77×10^4 km²,相当于黄海的 2 倍,渤海的 10 倍。平均水深为 370 m,最深可达 2719 m,位于台湾省东北方的冲绳海槽中。东海东岸九州至琉球、台湾一线,有众多的海峡、水道,与太平洋连通,其中最重要的是苏澳-与那国水道、宫古岛-冲绳岛水道以及吐噶喇海峡和大隅海峡。

4）南海

南海位于中国大陆南方,纵跨热带与副热带,是以热带海洋性气候为主要特征的海域,也是中国海疆国界伸展最南之处。南海西南面经马六甲海峡与印度洋相通,东南经民都洛海峡、巴拉巴克海峡与苏禄海相接,西邻中南半岛和马来半岛,北靠广东、广西和海南三省,东邻菲律宾群岛。南海海域非常广阔,几乎为渤、黄、东海面积总和的 3 倍。南海的平均水深为 1212 m,最深在马尼拉海沟南端,可达 5377 m。

2. 中国近海地貌形态简介

1）中国近海总体形态

中国近海系沿西太平洋的一系列边缘海,其内侧是亚洲大陆,外侧的岛弧海沟将边缘海与太平洋分隔开来,在边缘海中围堵沉积了从大陆来的大量陆源物质。

中国近海的海底地势大体上由西北向东南渐趋加深。若将海南岛南面经台湾至五岛列岛连成一线,则此线的西北部分,构成较平缓的大陆架区,它在地形和地质构造上实为大陆的延续部分,而此线东南,则多为地形复杂的大陆坡、海槽、深海盆区以及岛缘大陆架。

2）中国近海大陆架形态

中国近海大陆架区的坡度平缓,南海大陆架略陡,坡度也仅 $0°01' \sim 0°05'$。沉积的地形是近海大陆架区的重要特征之一,如在各海区中常有水下古河道和古三角洲等。

中国近海大陆架有两种成因类型:一种是堆积型,另一种是侵蚀堆积型,以堆积型为主。

3) 中国近海大陆坡形态

中国近海的大陆坡,在东海、台湾以东海域与南海东部,表现的特点是陡窄的阶梯与海槽、海沟相伴分布,它们是西太平洋新生代的构造活动带,火山、地震活动频繁。

东海大陆坡位于东海大陆架的外缘,大陆坡平均坡度为 1°05′,是陆架的 63 倍。东海大陆坡在宽约 30~60 海里的范围内直下进入冲绳海槽,构成冲绳海槽的西侧槽坡。台湾以东海区大陆架狭窄,大陆坡更为陡急。

南海大陆坡多呈阶梯状。通常是由平坦的大陆架明显地转为一陡坡,水深急剧加大,陡坡下有条深沟,地形又转缓,宽达数百海里,断续相连,平台面外又有一急陡坡降至中央海盆底部——南海深海平原(见图 1.22)。在南海的东部,则大陆坡呈狭窄的阶梯下降,但坡麓分布着海槽与海沟。阶梯状大陆坡的宽阔平台面,相对于深海平原即为海底高原。海底高原上又常是海岭横亘,岛礁众多,我国的中沙、西沙、南沙群岛,均位于海底高原上(见图1.23)。

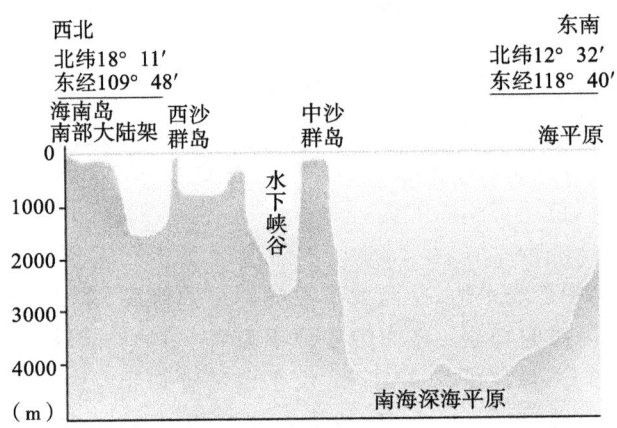

图 1.22 海南岛南部及南海东南部海底地形剖面图

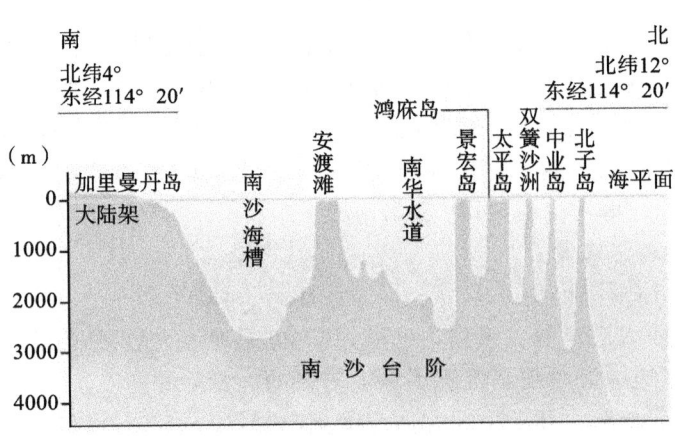

图 1.23 南海南部海底地形剖面图

4) 中国近海的海槽

中国近海的东海和南海分布有若干海槽,而深海平原仅存在于南海海盆中。

冲绳海槽是东海大陆架与琉球群岛岛缘大陆架的天然分界,海槽东坡即琉球群岛的西北侧陆坡,海槽西坡即东海大陆坡。冲绳海槽形似新月,向东南凸出,总体走向为北东-南西向,与太平洋岛弧近于平行。海槽长840 km,南宽北窄,平均宽约70 km。海槽北浅南深,最深处2719 m,在海槽西南,为东海最大深度。冲绳海槽区构造运动频繁,岩浆活动和火山活动活跃。

南海海槽多沿地堑或断裂发育,如北东走向的台湾西南海槽、南沙海槽和西沙以东海槽等;近东西走向的西沙以北海槽和中沙以南海槽等;近南北走向的吕宋海槽等。有的海槽将大陆坡分割成阶梯状的几个块段,也有的海槽分布于大陆坡底麓。

5) 中国近海的深海平原

南海中部,即在中沙群岛与南沙群岛大陆坡之间,是北东-南西向延伸的深海平原,纵长795海里,宽为78～360海里,两头狭小,中部较宽。南海深海平原底部平坦,自北向南倾斜,北部水深约为3400 m,南部水深4200 m以上。南海深海平原是亚洲大陆边缘经拉开分裂,引起深部玄武岩流补偿性上升形成的。平原中分布着一些孤立的海山,就是由海底火山喷发形成的,这些火山高出深海平原数百米至千米以上,最高的突起在平原上3904 m,但大部分海山尚未到达海面。

思　考　题

1. 地球的形状与大小是怎样的?
2. 地球的外部圈层由哪几部分组成?
3. 海洋学中洋是怎样划分的?
4. 海按地理位置划分为哪几类?
5. 海按连通性划分为哪几类?
6. 海岸带的组成是怎样的?
7. 稳定型大陆边缘由哪些部分组成?
8. 活动型大陆边缘由哪些部分组成?
9. 大洋底由哪些部分组成?

第2章　海洋水文环境

2.1　海水的组成、性质及盐度

2.1.1　纯水的特性

1. 水分子的结构

　　水分子是由一个氧原子和两个氢原子组成的,分子结构呈现不对称性,正负极不能相互抵消,因此称为极性分子(见图 2.1)。水分子因极性相互结合,形成比较复杂的大的分子,其化学性质不变,这种现象称为水分子的缔合(见图 2.2)。水分子的缔合与温度有关,温度升高促使缔合分子离解,温度降低有利于分子缔合。

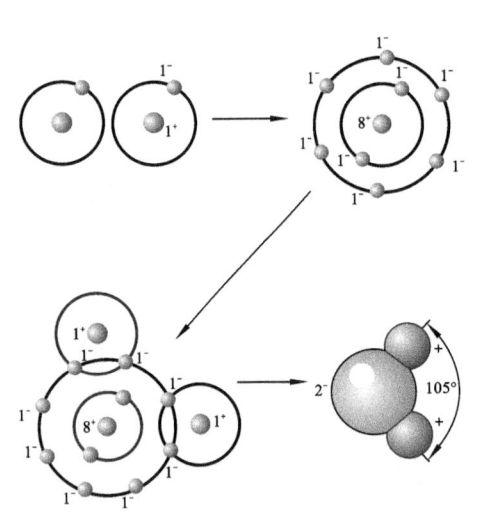

图 2.1　水分子构成示意图

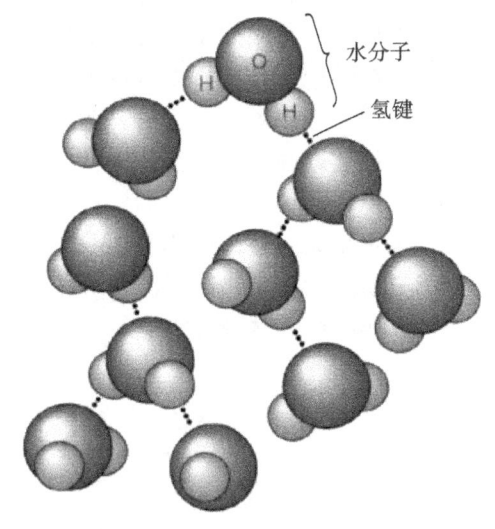

图 2.2　水分子的缔合

2. 纯水的主要性质

1) 溶解性强

　　水分子有很强的极性,容易吸引溶质表面的分子或离子,使其脱离溶质表面进入水中,溶解能力很强。

2) 密度变化(反常膨胀)

　　通常情况下水的密度随着温度的升高逐渐降低(见图 2.3 中 B 点至 A 点),但从 0 ℃(C 点)升至约 4 ℃(B 点)这一段随着温度升高密度是逐渐增加的。为什么呢? 因为在这一温度变化过程中,较大的缔合分子逐渐离解成为较小的缔合分子,分子间空隙大幅缩小使得水的体积收缩,因而密度增大,这一过程也称为"反常膨胀"。因此纯水在约 4 ℃时密度最大,为 1 g/cm³。

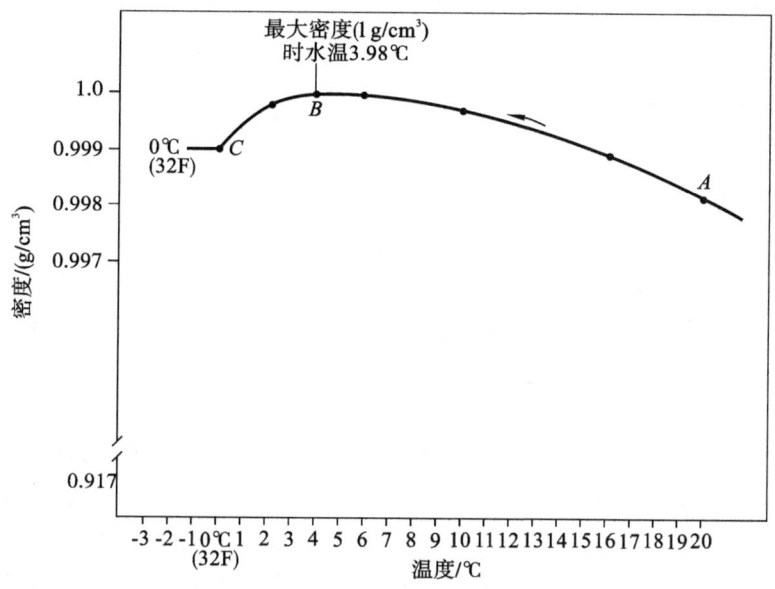

图 2.3　水的密度变化(反常膨胀)

3)水的热性质

水密度最大时的温度是 4 ℃;在一个标准大气压下,水的沸点为 100 ℃,冰点为 0 ℃ ;比热、蒸发潜热等热性质比氧的同族化合物高。

2.1.2　海水的盐度

1. 海水的组成

海水是一种混合溶液,它是由淡水、无机盐、有机物、悬浮物质以及其他物质组成的。其中无机盐主要有 11 种:钠、镁、钙、钾、锶等五种阳离子;氯、硫酸根、碳酸氢根(包括碳酸根)、溴和氟五种阴离子和硼酸分子。它们占无机盐总数的比例为 99.99%,如表 2.1 所示。

表 2.1　海水中无机盐的主要成分

成分	符号	每千克海水中的含量(g/kg)	质量分数/(%)
氯	Cl^-	19.35	55.07
钠	Na^+	10.76	30.62
硫酸根	$SO_4{}^{2-}$	2.71	7.72
镁	Mg^{2+}	1.29	3.68
钙	Ca^{2+}	0.41	1.17
钾	K^+	0.39	1.10
碳酸氢根	HCO^{3-}	0.14	0.40

成分	符号	每千克海水中的含量(g/kg)	质量分数/(%)
溴	Br^-	0.067	0.19
锶	Sr^{2+}	0.008	0.02
硼酸分子	H_3BO_3	0.004	0.01
氟	F^-	0.0013	0.004

2. 盐度的定义

含盐量是反映海水重要特性的一个指标,而海水的盐度就是海水中含盐量的标度。具体而言,海水的盐度是指海水中全部溶解的固体的质量与海水质量之比,通常以每千克海水中所含的溶解物的克数表示。人们用盐度来表示海水中盐类物质的质量分数,世界大洋的平均盐度为 35‰。盐度定义建立的过程比较曲折。

1) 绝对盐度

盐度的首次定义是在 19 世纪末期,欧洲一些国家召开了国际海洋会议,为了统一观测资料,成立了专家小组,研究了海水的盐度、氯度和密度等有关问题。这个小组在克纽森的领导下,提出了一种测定盐度的方法,即取一定量的海水样品,加盐酸酸化后,再加氯水,蒸干后继续升温至 480 ℃烘干,称重。根据这种测定方法,海水的盐度定义为:1 kg 海水中的溴和碘全部被当量的氯置换,而且所有的碳酸盐都转化为氧化物之后,其所含的无机盐的克数。

这种测定方法操作比较烦琐,需要的时间比较长,所以不适合海洋调查。那么怎么办呢?早在 1891 年马赛特就发现"海水组成恒定性",即海水中的主要成分在水样中的含量虽然不同,但它们之间的比值是近似恒定的。据此,如果能测定出海水中某一主要成分的含量,便可推算出海水的盐度。我们知道海水中氯元素的含量是最多的,且可方便地用 $AgNO_3$ 滴定法加以测定,因此只要能测出海水的氯度就可以得到海水的盐度了。而所谓的氯度定义是这样的,1 kg 海水中的溴和碘以氯当量置换后,氯离子的总克数。

克纽森在海水组成恒定性的基础上,自北海、波罗的海、红海等海区采集了 9 个表层水样,测定了它们的盐度和氯度,归纳出了盐度和氯度的关系式,即克纽森盐度公式:

$$S‰ = 0.030 + 1.8050Cl‰ \tag{2.1}$$

2) 电导盐度

式(2.1)的盐度和氯度的关系式建立在海水组成恒定的基础之上,这其实是不严格的。当时所取的水样,多数为波罗的海的表层水,难以代表整个大洋的规律;关系式中的常数项0.030也不符合大洋海水盐度变化的实际情况。1950 年以后,电导盐度计的研究和发展,使盐度的测定方法得以简化,精密度也得以提高。因此,联合国教科文组织、国际海洋考察理事会、海洋研究科学委员会和国际海洋物理科学学会 4 个国际组织联合发起,于 1962 年 5 月召开会议,成立了海水状态方程式联合小组。此小组于 1963 年第二次会议上改名为"海洋学常用表和标准联合专家小组"(JPOTS)。伍斯特(Wooster)等人提出盐度的新定义,即伍斯特盐度:

$$S‰ = 1.80655Cl‰ \tag{2.2}$$

1967 年,考克斯(Cox)等人对在大洋和不同海区 100 m 以上水层内采集的 135 个水样,准确地测定其氯度值,按照伍斯特盐度公式(式(2.2))计算盐度值,并且测定了电导比 R_{15},得到了盐度与 R_{15} 关系的多项式:

$$S‰ = -0.08996 + 28.29720R_{15} + 12.80832R_{15}{}^2 - 10.67869R_{15}{}^3$$
$$+ 5.98624R_{15}{}^4 - 1.32311 R_{15}{}^5 \tag{2.3}$$

国际海洋学常用表和标准联合专家小组于 1969 年推荐其为海水盐度的新定义。其中，R_{15} 为一个标准大气压下，温度为 15 ℃时，水样的电导率与盐度精确为 35.000‰ 的标准海水的电导率之间的比值。

而所谓标准海水，即国际上统一使用氯度精确值为 19.374‰ 的大洋水，其盐度对应值为 35.000‰。需要指出的是上述电导盐度公式依然建立在氯度的基础上，并且同样以海水组成恒定性为前提。

3）实用盐度标准

为了使盐度的测定脱离对氯度测定的依赖，国际海洋学常用表和标准联合专家小组于 1978 年提出了实用盐度标准，并建立了计算公式，编制了查算表，自 1982 年 1 月起在国际上推行。

为保持盐度历史资料与实用盐度资料的连续性，仍采用原来氯度为 19.374‰ 的国际标准海水为实用盐度 35.000‰ 的参考点。配制一种浓度为 32.4356‰ 的高纯度氯化钾溶液，作为可再制的电导标准（即标准溶液），即这种溶液在一个标准大气压下，温度为 15 ℃时，其电导率与氯度为 19.374‰ 的国际标准海水的电导率相同。取一个标准大气压下，温度为 15 ℃时，海水样品的电导率与标准氯化钾溶液的电导率之比为 K_{15}。从而得出实用盐度的计算公式。需要指出的是实用盐度不再使用‰，因而实用盐度是旧盐度的 1000 倍。

在现代海洋学中，盐度主要是用温盐深仪（CTD）（见图 2.4）现场观测并考虑温度和压力的修正直接得到，而不必使用公式计算。

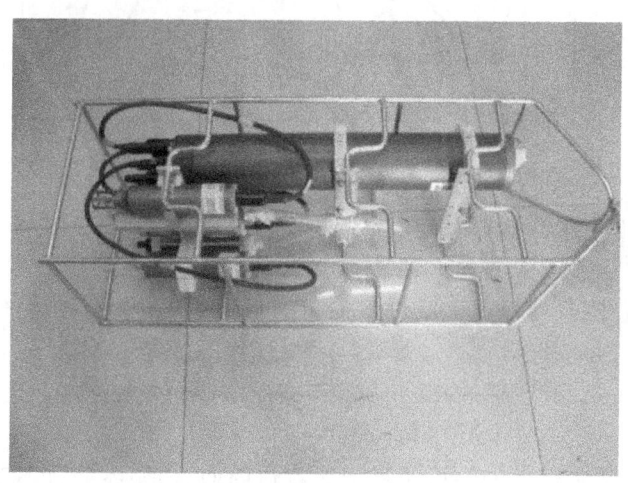

图 2.4　SBE25 温盐深仪 (CTD)

3. 水循环对盐度的影响

海水的盐度特别是表层海水的盐度与其水量收支有着直接的关系。海洋与外界不断进行水量交换。对整个世界大洋而言，存在着水量收支平衡的关系，水的收入及支出都是在地球系统自身之内进行循环的，这种水量的收支又称为水循环（见图 2.5）。海洋中不同区域水量的收支影响着盐度的分布与变化。海洋中水的收入主要靠降水、陆地径流和融冰；支出主要靠蒸发和结冰。

蒸发使海洋失去的水量每年约 $(4.4 \sim 4.54) \times 10^5 \ km^3$，使海洋下降 124~126 cm。降水

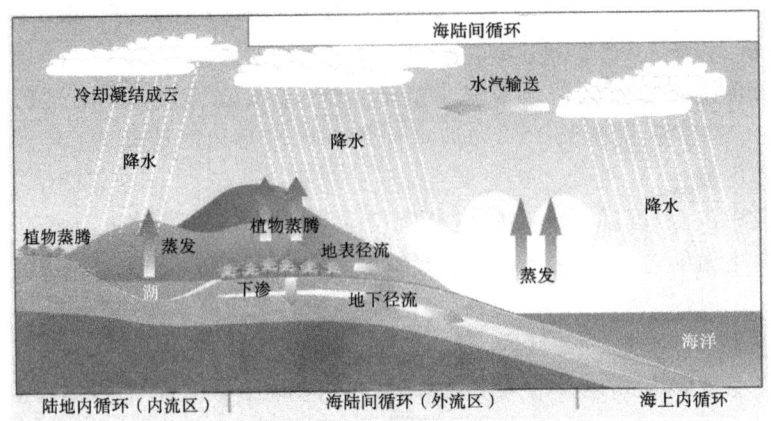

图 2.5　水循环示意图

是海洋水收入的最重要因子,每年可达 4.1×10^5 km³ 左右,降水量可使海洋上升 113.7 cm。但降水在各大洋分布是不均匀的,呈三峰值曲线(见图 2.6)。

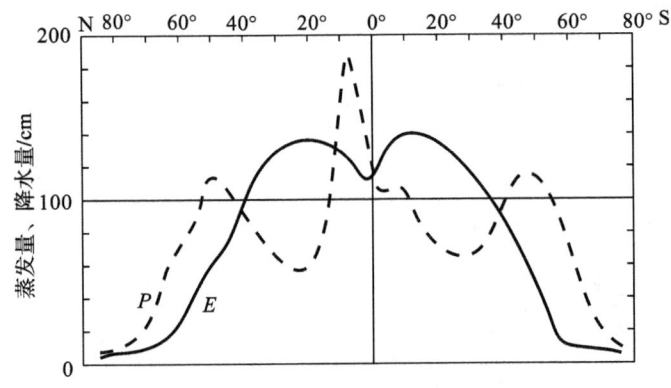

图 2.6　大洋表面的蒸发量(E)、降水量(P)

　　大陆径流(包括地下水)是海洋水量收入的另一重要因子,其在世界大洋中的分布也极为不均匀。进入各大洋流量最大的是大西洋,其中仅亚马逊河就几乎占全世界径流量的 20%,另外还有密西西比河、刚果河以及欧洲许多河流的流入,使得大西洋入海淡水居世界之首,它们可使大西洋平均洋面上升 23 cm/a(厘米/年)。印度洋次之。对太平洋来说,最大河流是长江,但其径流量只有亚马逊河的 18.9%,且太平洋面积宽广,径流量只能使其洋面上升 7 cm/a。

　　结冰与融冰是海洋水平衡中的可逆过程。就目前而言,结冰与融冰的量基本上是平衡的。不同海域,不同季节,不平衡的情况仍然存在。

　　对整个世界大洋而言,水量的收支应该是平衡的。但对局部海域而言,不会时时都能保持平衡,从而导致水位的上升或下降,这又会引起海水的流动,以达到水位与水量的调整。海洋中水量收支的各种因素如下:

　　对大洋整体而言,结冰与融冰、海流与混合使海洋获得和失去的水量基本相互抵消。所以,降水量(P)、蒸发量(E)和陆地径流(R)三个因子是决定大洋水量平衡的基本因子。平均而言,R=12 cm/a,P=114 cm/a,E=126 cm/a。

　　就大洋个体来看,水量不能保持平衡。太平洋因降水量与径流的和大于蒸发量,水量有盈余,大西洋因蒸发量大于降水量和径流之和,导致水位下降 12 cm/a;北冰洋因蒸发量少,径流多,水量有盈余。因此,大西洋需要太平洋和北冰洋的水进行补充。

水量的不均衡对不同海区的表层盐度有最为直接的影响,我们将海洋的蒸发量和降水量之差沿经度方向绘制曲线(即 $E-P$ 曲线),会发现世界大洋表层盐度分布曲线与 $E-P$ 曲线十分相似(见图 2.7)。具体到各个海域如下。

①低纬度海域:降水量大于蒸发量,$E-P<0$,其盐度 S 也低。

②副热带海域:蒸发量大于降水量,$E-P>0$,其盐度 S 也高。

③副极地海域:多云带,蒸发量少,盐度 S 低。

$E-P$ 曲线的高值区与低值区分别与高盐区和低盐区存在着极为相似的对应关系。在大洋南、北副热带海域,$E-P$ 呈现明显的高值带状分布,其盐度也对应为高值带状区;赤道区的 $E-P$ 低值带,则对应盐度的低值区。

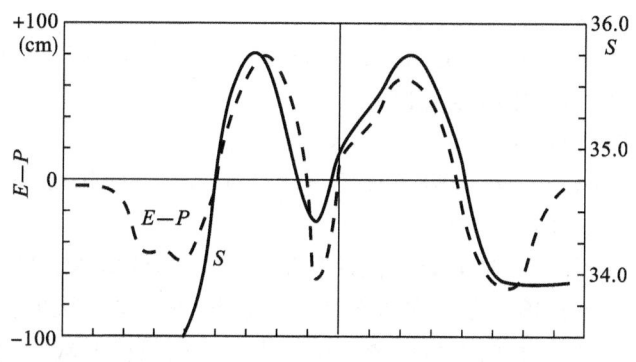

图 2.7　$E-P$ 曲线及盐度分布曲线

4. 盐度分布及变化

海洋表层盐度分布(见图 2.8)的总体特征如下。

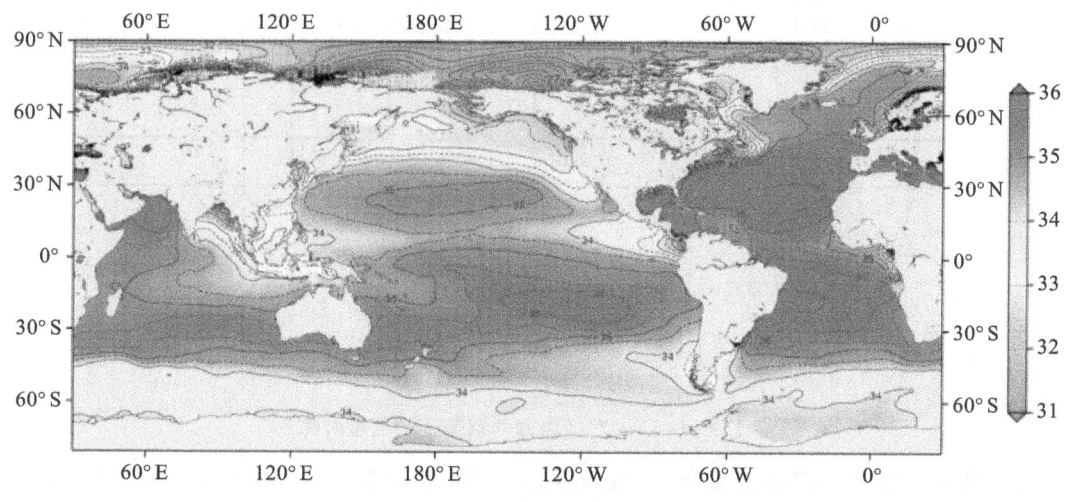

图 2.8　大洋表层盐度分布

(1)基本上具有纬线方向呈带状,经线方向呈鞍马状分布特征。个别地区,如大西洋东北部和北冰洋的挪威海、巴伦支海,由于大西洋流和挪威海流携带高盐水输送,导致其盐度值普遍升高。而印度洋北部,太平洋西部和中、南美西岸这些大洋边缘海域,由于降水量远远超过蒸发量,呈现出明显的低盐区,偏离了带状分布特征。

(2)寒暖流交汇区和径流冲淡海区,盐度梯度特别大,等盐线密集,某些海域盐度梯度可达0.2/km。

(3)盐度的最高与最低值多出现在大洋边缘的海盆中;地中海、波斯湾、红海达39~43,波罗的海北部最低时只有3。

(4)冬季盐度分布特征与夏季相似。只是在季风影响特别显著的海域,如孟加拉湾和南海北部地区,盐度有较大差异。夏季由于降水量很大,盐度降低;冬季降水量减小,蒸发量加大,盐度增大。

平均各大洋表层盐度,北大西洋最高(35.5),南大西洋、南太平洋次之(35.2),北太平洋最低(34.2)。大西洋盐度高于太平洋盐度是地理位置导致蒸发的水量被带至其他地区,或高盐海区的水被洋流带入所致。

大洋盐度的竖直方向分布与温度的竖直向分布有很大不同。图2.9所示为大西洋准经线方向断面上的盐度分布,从图中可以看出:

(1)赤道海域盐度较低的海水只涉及不大的深度。

(2)大洋次表层水:南北半球副热带海域下沉后向赤道方向扩展的高盐水。其特征是具有大洋竖直方向最高的盐度,且南强北弱。

(3)大洋低盐中层水:由南北半球中高纬度表层下沉的低盐水。特征是南半球在500~1500 m的深度向赤道扩展,进入三大洋的次表层水之下;北半球下沉的低盐水势力较弱。

(4)盐度跃层:在高盐次表层水与低盐中层水之间等盐线特别密集,形成竖直方向的盐度跃层。

(5)深层水和底层水:位于中层水之下,由高纬度海域下沉形成的水,盐度稍高。

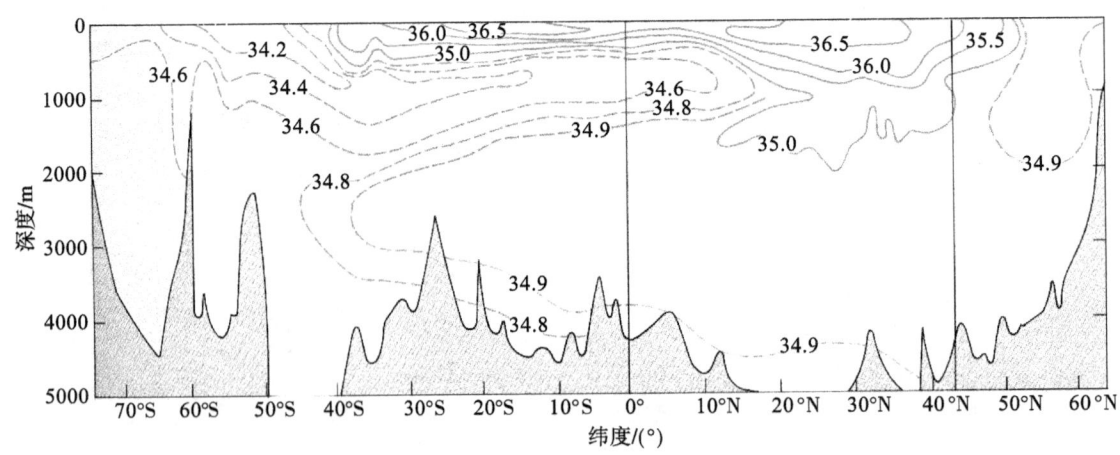

图2.9　大西洋准经线方向断面上的盐度分布

前面我们说过对于局部海域而言,水量受蒸发、降水、径流、融冰结冰及大洋环流等因素制约。所以局部海域海洋表层盐度有年变化的周期。但由于上述因素在不同海域所起的作用和相对重要性不同,各海域盐度变化的特征也不同。总之,无普遍规律可循,只能对具体海域进行具体分析。并且表层海洋盐度的日变化也很小,变幅通常小于0.05,下层受内波的影响,盐度变化常大于表层。盐度的日变化没有水温日变化那样的周期性,但在近岸受潮流影响大的海域,也常常显示出潮流的变化规律。

2.1.3　海水的主要热学和力学性质

海水的热性质一般指海水的热容、比热容、绝热温度、位温、热膨胀与压缩性、热导率与比蒸发潜热等。它们都是海水的固有性质,是温度、盐度、压力的函数。

1. 热容

热容:温度升高 1 K(或 1 ℃)时所吸收的热量称为热容。单位是焦耳每开尔文(记为J/K)或焦耳每摄氏度(记为 J/℃)。

比热容:单位质量海水的热容称为比热容,单位为焦耳每千克摄氏度或焦耳每千克开尔文,记为J/(kg·℃)或 J/(kg·K)。

定压比热容 C_p:在一定压力下测定的比热容称为定压比热容。

定容比热容 C_V:在一定体积下测定的比热容称为定容比热容。

说明:①海水比热容约为空气比热容的 3.89 倍,因此,海水的温度变化缓慢,而大气温度变化相对比较剧烈,海洋对气候的影响不可忽视。②C_p/C_V 约为 1~1.02。③C_p、C_V 是海水温度、盐度和压力的函数。C_p 随盐度增加而降低;在低温、低盐时 C_p 值随温度的升高而减小,在高温、高盐时 C_p 值随温度的升高而增大。

2. 体积热膨胀

热膨胀系数为温度升高 1 K(或 1 ℃)时,单位体积海水的增量。热膨胀系数的单位为 K^{-1} 或 $℃^{-1}$。

海水的热膨胀系数比纯水的大,且随温度、盐度和压力的增大而增大;在大气压力下,低温、低盐海水的热膨胀系数为负值,说明当温度升高时海水收缩。热膨胀系数由正值转为负值所对应的温度,就是海水最大密度下的温度。热膨胀系数也是盐度的函数,随海水盐度的增大而降低。经验公式为

$$n=3.95-2.0\times10^{-1}S-1.1\times10^{-3}S^2+0.2\times10^{-4}S^3 \tag{2.4}$$

图 2.10 所示为不同压力下纯水与海水的热膨胀系数随温度变化的曲线。

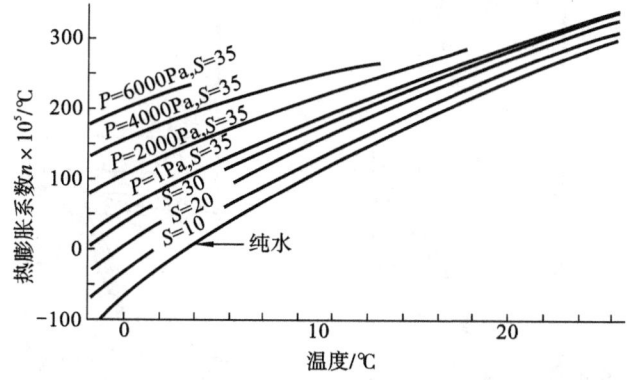

图 2.10　不同压力下纯水与海水的热膨胀系数随温度变化的曲线

说明:①海水温度变化引起的海水运动速度远小于空气。②海水的热膨胀系数随压力的增大在低温时更为明显。例如,盐度为 35 的海水,若温度为 0 ℃,在 1000 m 深处(压力约为 10.1 MPa)的热膨胀系数比在海面时大 54%,而温度为 20 ℃时,则仅大 4%。上述影响在高

纬度海域更显著。

3. 压缩性

1）压缩系数

单位体积海水,当压力增加 1 Pa 时,其体积的负增量称为压缩系数。压缩系数包括等温压缩和绝热压缩。说明:海洋声学中压缩系数是重要参量;海洋受压缩的量实际上是相当可观的。

2）绝热变化

海水微团做竖直位移,压力增大(减小)使其体积缩小(增加),外力对海水微团做功使其内能增加,导致温度升高(降低)。这种海水微团内的温度变化称为绝热变化。

3）位温

海洋中某深度(压力为 p)的海水微团,绝热上升到海面(压力为大气压 p_0)时所具有的温度称为该深度海水的位温,记为 θ。海水此时的密度称为位密,记为 ρ_θ。若现场温度为 t,微团绝热上升到海面温度降低了 Δt,则该深度海水的位温 $\theta = t - \Delta t$。海水的位温显然比现场温度低。

说明:在分析大洋深层、底层的海水运动时,由于各处水温差别甚小,绝热变化效应往往变得明显起来,因而用位温分析比用现场水温更合理有效。

图 2.11 为马里亚纳海沟温度断面与位温断面的比较。图 2.11(a)显示现场水温和密度的剖面及水温断面,图 2.11(b)为相应的位温和位密的情况。由图可见,根据现场水温绘制的断面图中,在 3470 m 以下水温随深度增加,在与海脊深度相当的水层上,呈现出两个明显的"冷水舌"。其实由位温分布可知,越过海脊的水是一直沿坡下沉到海沟底部的。

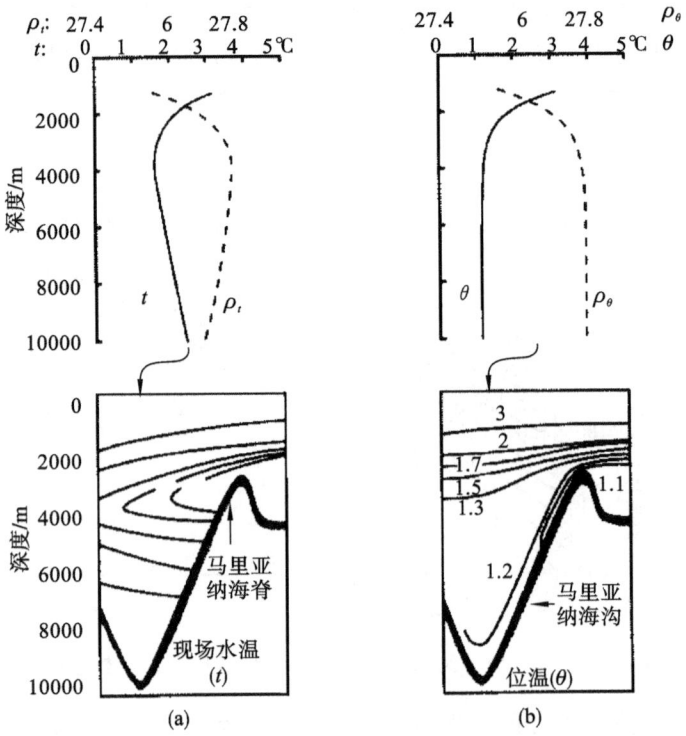

图 2.11　位温断面和温度断面的比较

4．蒸发潜热

1）比蒸发潜热

使单位质量海水化为同温度的蒸汽所需的热量，称为海水的比蒸发潜热，以 L 表示，单位是焦耳每千克或每克，记为 J/kg 或 J/g。其具体值受盐度影响很小，与纯水非常接近，可只考虑温度的影响。

在液体物质中，水的蒸发潜热最大。伴随海水的蒸发，海洋不仅失去水分，同时将失去巨额热量，由水汽携带而输向大气。这对海面的热平衡和海上大气状况的影响很大。例如发生在热带海洋上的热带气旋，其生成、维持和不断增强的机制之一，是"暖心"的生成和维持。"暖心"是最重要的热源之一，是海水蒸发时，携带巨额热量的水汽进入大气后凝结而释放出来的。

海洋每年由于蒸发平均失去 126 cm 厚的海水，从而使气温发生剧烈的变化，但由于海水的热容很大，从海面至 3 m 深的薄薄一层海水的热容就相当于地球上大气的总热容，因此，水温的变化比大气缓慢得多。

2）饱和水汽压

对纯水而言，饱和水汽压是指水分子由水面逃出和同时回到水中的过程达到动态平衡时，水面上水汽所具有的压力。

对海水而言，由于盐度的存在，单位面积海面上的平均水分子数目要少，减少了海面上水分子的数目，因而使饱和水汽压降低，限制了海水的蒸发。海洋因蒸发而损失的水量和热量就相对减少。

5．热传导

相邻海水温度不同时，由于海水分子或海水块体的交换，热量由高温处向低温处转移，这就是热传导。热传导包括分子热传导和涡动热传导。仅由分子的随机运动引起的热传导，称为分子热传导。由海水块体的随机运动所引起的热传导称为涡动热传导或湍流热传导。热传导可通过热流率密度和热传导系数进行表征。

1）热流率密度

单位时间内通过某一截面的热量，称为热流率。单位面积的热流率称为热流率密度，其单位是瓦特每平方米即，W/m²。

2）热传导系数

（1）海水的分子热传导系数比纯水略低，且随盐度的增大略有减小，数量级为 10^{-1}。

（2）涡动热传导系数主要和海水的运动状况有关，量级一般为 $10^2 \sim 10^3$。

（3）涡动热传导在海洋的热传输过程中起主要作用，而分子热传导是次要的。

6．沸点和冰点

海水的沸点随着盐度的增大而升高，冰点随盐度的增加而降低。海水最大密度温度 $t_{\rho(\max)}$ 和冰点 t_f 都随盐度的增大而降低。但前者降得更快（见图 2.12）。当盐度 $S=24.695$ 时，两者的对应温度皆为 -1.33 ℃，当盐度再增大时，$t_{\rho(\max)}$ 就低于 t_f 了。

7．海水的力学性质

1）黏滞性

当相邻两层海水做相对运动时，由于水分子的不规则运动或者海水块体的随机运动（湍流），在两层海水之间有动量传递，从而产生切应力。界面上单位面积的切应力为

$$\tau = \mu \frac{\partial v}{\partial n} \ (\text{Pa} \cdot \text{m}^{-2}) \tag{2.5}$$

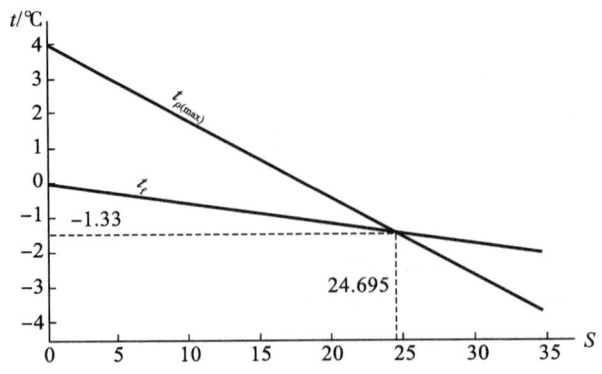

图 2.12 最大密度温度与冰点随盐度的变化

式中：n 为两层海水界面的法线方向；v 为流速；μ 为动力学黏滞系数。

动力学黏滞系数 μ 随盐度的增大略有增大，随温度的升高却迅速减小。μ/ρ 称为运动学黏滞系数。单纯由分子运动引起的黏滞应力称为分子黏滞应力，其对应分子黏滞系数很小，只取决于海水性质；由海水块体的随机运动引起的黏滞应力称为涡动黏滞应力，其对应的涡动黏滞系数则与海水运动状态有关。

2）海水渗透压

在海水与淡水之间放置一个半渗透膜，水分子可以透过，但盐分子不能透过。那么，淡水一侧的水会慢慢地渗向海水一侧，使海水一侧的压力增大，直至达到平衡状态。此时膜两边的压力差，称为渗透压。它随海水的盐度增高而增大，低盐时随温度的变化不大，而高盐时随温度的升高增幅较大。

3）海水表面张力

液体的自由面上，由分子之间的吸引力所形成的合力使自由表面积趋向最小，这个合力就是表面张力。海水的表面张力随温度的升高而减小，随盐度的增大而增大。海水中杂质的增多也会使海水表面张力减小。表面张力对水面毛细波的形成起着重要的作用。

2.1.4 海水密度和状态方程

1. 海水密度的定义及其表示法

单位体积海水的质量称为海水的密度，用符号 ρ 表示，单位是千克每立方米，记为 kg/m³。它的倒数比容，就是单位质量海水的体积，用符号"α"表示，单位是立方米每千克，记为 m³/kg。海洋学中海水密度是温度、盐度和压力的函数，常用 $\rho(S,t,p)$ 表示。海水密度一般有 6～7 位有效数字，且其前两位数字通常相同。

1）密度超量

为了保持海洋资料使用的连续性，提出密度超量的概念，密度超量与密度具有同样的单位：

$$\gamma = \rho - 1000 \tag{2.6}$$

2）比容偏差和热比容偏差

比容偏差：海洋学中经常使用的不是现场比容 $\alpha(S,t,p)$，常使用差值

$$\delta(S,t,p) = \alpha(S,t,p) - \alpha(35,0,p) \tag{2.7}$$

热比容偏差：海面上（海压为 0）的比容，与盐度为 35、温度为 0 ℃时的比容偏差。热比容偏差是描述海洋上层密度特征的一个参数。

$$\Delta(S,t) = \alpha(S,t,0) - \alpha(35,0,0) \tag{2.8}$$

2. 海水状态方程

海水状态方程是表示海水状态参数温度、盐度、压力与密度或比容之间相互关系的数学表达式。

1）一个大气压国际海水状态方程

在一个标准大气压下，海水密度 $\rho(S,t,0)$ 与盐度 S 和温度 t（℃）的关系式为

$$\rho(S,t,0) = \rho_w + AS + BS^{3/2} + CS^2 \tag{2.9}$$

其中，ρ_w 的表达式为

$$\rho_w = A_0 + \sum_{i=1}^{5} A_i t^i$$

适用范围：温度 $-2\sim40$ ℃，实用盐度 $0\sim42$。

2）高压国际海水状态方程

$$\rho(S,t,p) = \rho(S,t,0) \cdot \left[1 - \frac{np}{K(S,t,p)}\right]^{-1} \tag{2.10}$$

其中，$K(S,t,p)$ 为割线体积模量，其表达式为

$$K(S,t,p) = K(S,t,0) + A \cdot (np) + B \cdot (np)^2 \tag{2.11}$$

适用范围：温度 $-2\sim40$ ℃，实用盐度 $0\sim42$，压力 $0\sim108$ Pa。

3）海水状态方程的应用

海水状态方程可以直接用于计算海水的密度，还可用于计算海水的热膨胀系数、压缩系数、声速、绝热梯度、位温、比容偏差以及比热容随压力的变化等。

2.1.5　海冰

由海水冻结而成的冰称为海冰。但在海洋中所见到的冰（见图 2.13），除海冰之外，尚有大陆冰川、河流及湖泊流入海水中的淡水冰，广义上把它们统称为海冰。世界大洋约有 3％～4％的面积被海冰覆盖。海冰对船舶航行、海底采矿及极地海洋考察等形成严重障碍，甚至造成灾害。海冰对海洋水文状况自身的影响，也成为海洋学的重要研究内容之一。

图 2.13　海冰

1. 海水结冰机理

海冰形成的必要条件是，海水温度降低至冰点并持续失热，相对冰点稍有过冷却现象并有凝结核存在。

海水结冰机理：海水最大密度温度随盐度的增大而降低的速率比其冰点随盐度增大而降低的速率快(见图 2.12)，当盐度低于 24.695 时，结冰情况与淡水相同；当盐度高于 24.695 时(海水盐度通常如此)，海水冰点高于最大密度温度，即使海面温度降至冰点，但由于增密所引起的海水密度对流混合仍然不停止，因此只有当对流混合层的温度同时到达冰点时，海水才会开始结冰。所以海水结冰可以从海面至对流可达深度内同时开始。

海水的结冰，主要是纯水的冻结，盐分会大部分排出冰外，从而增大了冰下海水的盐度，加强了冰下海水的对流和进一步降低了冰点，同时冰层阻碍了其下海水热量的散失，因而大大地减缓了冰下海水继续结冻的速度。

2. 海冰的类型

按结冰过程的发展阶段可将海冰分成：初生冰、尼罗冰、饼状冰、初期冰、一年冰、老年冰。

按海冰的运动状态可将海冰分成固定冰和流冰两类。固定冰是与海岸、岛屿或海底冻结在一起的冰。当潮位变化时，能随之发生升降运动，其宽度可从海岸向外延伸数米甚至数百千米。海面以上高于 2 m 的固定冰称为冰架；而附在海岸上狭窄的固定冰带，不能随潮汐升降，是固定冰流走的残余部分，称为冰脚。流冰是自由漂浮在海面上，能随风、流漂移的冰，它可由大小不一、厚度各异的冰块形成，但由大陆冰川或冰架断裂后滑入海洋且高出海面 5 m 以上的巨大冰体——冰山，不在其列。

2.2 海水的温度

海水温度是海洋水文状况中最重要的因子之一，常作为研究水团性质、描述水团运动的基本指标。研究海水温度的时空分布对海上捕捞、水产养殖，以及海上作战等都有重要意义，对气象、航海和水声等学科也很重要。

2.2.1 世界大洋温度整体情况

如图 2.14 所示，对整个世界大洋而言，从海底到海面，整体水温平均只有 3.8 ℃。其中太平洋的水温为 3.7 ℃，大西洋的水温为 4.0 ℃，印度洋的水温为 3.8 ℃，三大洋的整体水温相差不大。

表层海水的平均温度要比整体平均水温高很多，能达到 17.4 ℃，其中太平洋的表层海水平均温度最高，为 19.1 ℃，印度洋次之，为 17.0 ℃，大西洋最低，为 16.9 ℃。

表层海水温度高于海洋内部，主要是进入海洋中的太阳辐射能引起的，其中约 60% 的辐射能量被海面 10 m 厚的海水吸收了。越往深处，海水能够吸收的太阳辐射能越少，海水的温度越低。

2.2.2 海洋的热收支

海水的温度变化主要取决于其对热量的吸收，吸收热量则温度升高，失去热量则温度降低。整个大洋海水温度的分布和变化，往往与海洋的热收支有关。

海洋中的热量几乎完全是海面接收到的太阳辐射能，海水内部放射性物质以及生物、化学和海水运动释放的能量与太阳辐射能相比其量甚微。通过底边界由海底热流所输送的热量，

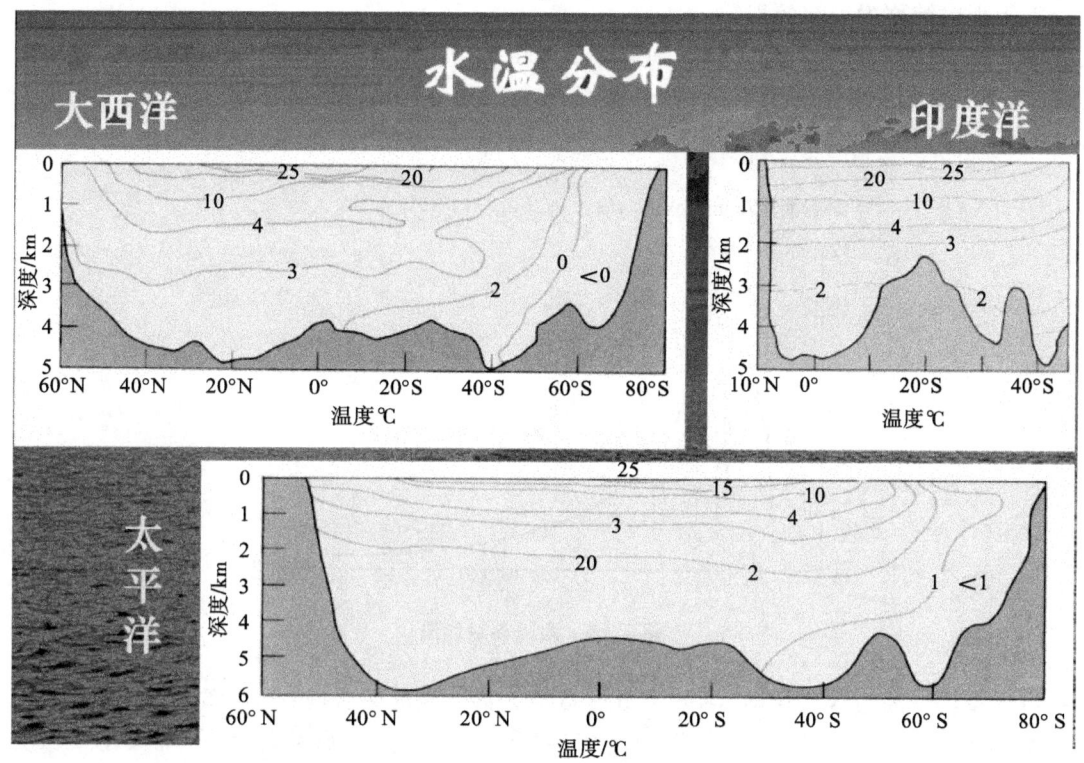

图 2.14　大西洋、印度洋、太平洋的水温分布

除了在热活动强烈的局部海域外,影响也不大,在考虑海洋热量平衡时,一般也可以忽略不计。

　　近代海洋学研究表明,整个海洋的平均温度多年来几乎没有什么变化。调查资料更进一步证实,大洋深处 60~70 年前的水温值与现今的重测值几乎相等。因此,如果不是研究超长期变动的情况就可以假定通过海面输入和输出的热量相等,即称为海面的热平衡。

　　一般认为,海面接收到的太阳辐射热量,有四个影响因子,即太阳辐射(Q_S)、海面有效回辐射(Q_b)、蒸发或凝结潜热(Q_e)以及海气之间的感热交换(Q_h),它们共同决定海面的热收支余项(Q_w)。

$$Q_w = Q_S - Q_b \pm Q_e \pm Q_h \tag{2.12}$$

　　把世界大洋作为一个整体,长期而言,应有 $Q_w = 0$;但是在短期内,则 $Q_w \neq 0$。当 $Q_w > 0$ 时,表示海洋净得到热量;反之,当 $Q_w < 0$ 时,表示海洋失去热量。

1. 太阳辐射能(Q_S)

　　根据斯特藩-玻尔兹曼定律:任何温度高于绝对零度的物体都能以辐射的形式向外释放能量,它与绝对温度 T_K 的 4 次方成正比。用公式来表示就是:

$$E = F\sigma T_K^4 \tag{2.13}$$

式中:$\sigma = 5.67051 \times 10^{-8} \, \mathrm{W/(m^2 \cdot K^4)}$ 称为斯特藩-玻尔兹曼常数;F 为辐射体透明系数,绝对黑体 $F = 1$,绝对透明体 $F = 0$。海洋可以近似看为黑体,而大气则为半透明体。太阳表面温度高达 6000 K 以上,所以,它不停地以电磁波的形式向太空辐射巨大的能量。

　　再根据维恩定律:辐射能量最大的波长与辐射体表面的绝对温度成反比,即

$$\lambda = C/T_K \tag{2.14}$$

其中,$C = 2898 \, \mu\mathrm{m \cdot K}$。计算得到太阳辐射能最长的波长为 $0.475 \, \mu\mathrm{m}$,对应可见光的青光波

段。太阳辐射被称为短波辐射。

如图 2.15 所示,实际上,太阳辐射能量的 99.9％集中在 0.2～10.0 μm 波段内,其中可见光 0.40～0.76 μm 部分的能量占 44％,红外部分(＞0.76μm)占 47％,紫外部分(＜0.40μm)占 9％。

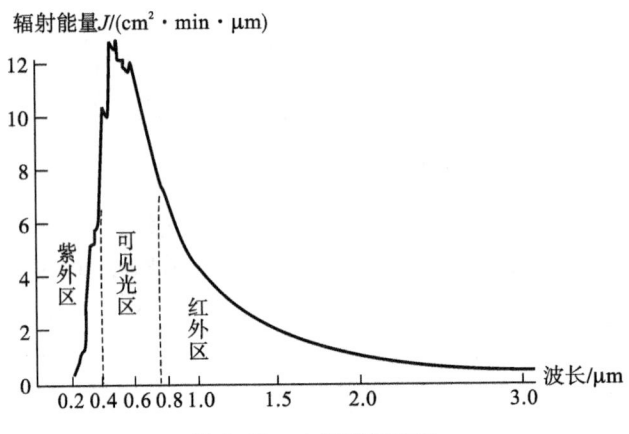

图 2.15　太阳辐射能量

当太阳辐射通过大气层时,紫外部分能量绝大部分被臭氧吸收;红外部分的能量也被大气中的水汽、CO_2 等部分吸收。同时部分能量又被大气中的分子、微粒等散射,而其中一部分也可以到达海洋。因此辐射到达海面的太阳总能量是太阳直达辐射和散射辐射两部分之和。

太阳直达辐射能与大气透明度、天空云量、云状和太阳高度有关。经验公式为

$$Q_S = Q_{S0}(1 - 0.7C)(1 - A_S)\sin H \tag{2.15}$$

式中:Q_{S0} 为晴空无云到达海面的总辐射;C 为云量(0～1);A_S 为海面反射率,即由海面反射的入射辐射与到达海面总辐射之比(平均取值为 7％,在南北极的冰区,冰面的反射率会比海面的高);H 为太阳高度角,即太阳光线与地球观测点的切线之间的夹角,该角度一般随纬度增大而减小。

由于太阳高度角的影响,低纬度地区接收到的太阳辐射能要大于高纬度地区(见图2.16)。

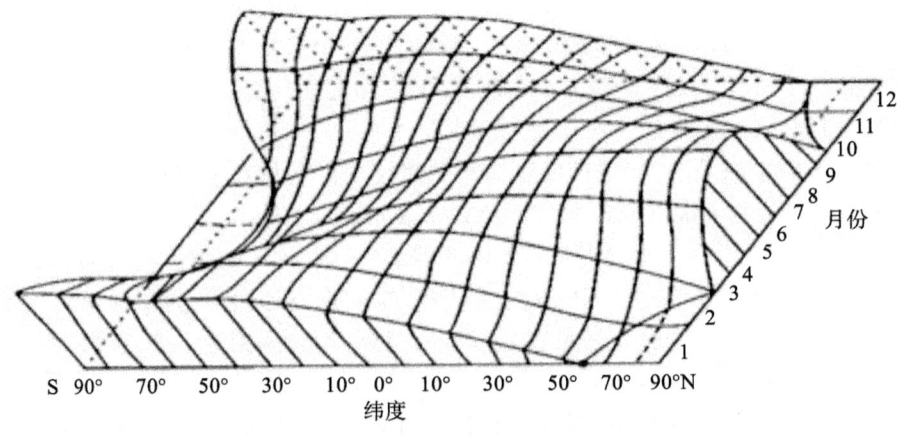

图 2.16　太阳辐射沿纬度的变化

2. 海面有效回辐射(Q_b)

海洋和大气在吸收太阳短波热辐射的同时,自身也要向外辐射能量。海洋向大气辐射能量,大气向四周辐射能量,向上的部分进入太空,向下的部分称为大气回辐射,几乎全部被海洋吸收。

世界大洋表层的平均温度为 17.4 ℃,根据公式(2.14),海面向大气辐射的最长波长约 10 μm,因此海面向大气的辐射称为长波辐射。同理,大气的辐射也为长波辐射。海洋辐射的能量 90% 以上集中在 4～80 μm 范围之内。我们把海面长波辐射与大气长波回辐射之差,称为海面有效回辐射。

海面有效回辐射的特征有以下几点:①大气的平均温度为 13.7 ℃,海面可近似看为黑体,大气为半透明体,海面长波辐射要比大气回辐射大,交换的结果是海洋失去热量;②海面有效回辐射与海面温度、海上水汽含量和云的特征有关;③相对湿度一定,海面有效回辐射随温度的升高而减小;④天空有云时,大气回辐射强,海面有效回辐射减小,这也是冬季早晨阴天比晴天暖和的原因。

3. 蒸发或凝结潜热(Q_e)

蒸发和水汽凝结是可逆过程。海面蒸发,使海水变成水汽进入大气,海洋中的部分热量以潜热的形式被带入大气,海洋失去热量;当大气中水汽凝结时,又将热量释放出来,但这部分热量却几乎全部留在大气中,成为大气的热源之一。因此,蒸发只能使海洋失去热量。平均而言,海洋每年蒸发 126 cm 厚的海水,由于海水的蒸发潜热很大,因此蒸发使海洋失去巨大的热量。根据计算,约占世界大洋辐射平衡热盈余的 90%。影响蒸发速度的主要因素如下。

(1) 大气中水汽含量的垂直分布。通常,紧贴海面的水汽含量近似饱和,上层水汽含量越少,越有利于水汽向上扩散。因此,海面上部气层中水汽压差是维持海水蒸发的先决条件。

(2) 水汽温差。假设 t_w 为海水温度,t_a 为海面空气的温度。若 $t_w > t_a$,海洋向大气传导热,导致近海面气温升高,密度减小,形成气体的热力对流,其结果是,水汽向上输送,上部水汽含量较少、温度低的空气下沉至海面。同时,海面温度降低,增密下沉,其下相对高温水上升至海面。这一过程维持着海气温差的持续存在。若 $t_w < t_a$,大气向海洋传导热,使近海面气温降低,密度增大,导致气层的层结稳定,而海面升温,也产生稳定层结。其结果是,近海面的水汽不能迅速向上输送,甚至发生凝结,以至蒸发停止。

(3) 风速。风速的影响巨大,大大加强了海气之间的热传导,同时风形成的海浪,不仅增加了蒸发,甚至当海浪破碎时,直接将海水输送至大气。风的影响远远超过单纯的热传导的影响。

4. 海气之间的感热交换(Q_h)

由于海洋表层水温和气温一般是不相等的,因此两者之间会有热传导作用,也会发生热量交换,称为海气之间的感热交换。其传递的物理机制与蒸发-凝结相同。

感热交换有两个影响因素:海气温差和海面风速。海气温差越大,海面风速越强,感热交换越剧烈。

综合以上四个影响因子,全年平均热量净收入的海域,由于热量的积累,水温应该不断升高,反之,热量有净支出的海域水温应不断降低,但事实上,海域水温年季变化不大。这是由于,大洋内部存在着自低纬向中高纬的热量输送,通过大洋前面有径流向环流来完成。同样,通过海面上的风、浪和流等引起的涡动混合过程,以及海面降温引起的对流混合过程,把海面的热量带到了海洋深处。

2.2.3　世界大洋水温分布

1. 表层

大洋表层水温分布(见图 2.17)具有如下共同特点。

(1) 等温线沿纬向大致呈带状分布,特别在南半球 40°以南海域,等温线几乎与纬圈平行,且冬季比夏季更为明显,这与太阳辐射的纬度变化密切相关。

(2) 冬季和夏季最高温度都出现在赤道附近海域,在西太平洋和印度洋近赤道海域,可达 28~29 ℃,只是在西太平洋 28 ℃的包络面积夏季比冬季更大,且位置偏北一些。

(3) 由热赤道向两极,水温逐渐降低,到极圈附近降至 0 ℃左右;在极地冰盖之下,温度接近于对应盐度下的冰点温度。

(4) 在两半球的副热带到温带海区,特别是北半球,等温线偏离带状分布,在大洋西部向极地弯曲,大洋东部则向赤道方向弯曲。这种格局表示大洋西部水温高于东部。在亚北极海区,水温分布与上述特点恰恰相反,即大洋东部较大洋西部温暖。大洋两侧水温的这种差异在北大西洋尤为明显,东西两岸的水温差,夏季有 6 ℃左右,冬季可达 12 ℃之多。这种分布特点是由大洋环流造成的。

(5) 在寒、暖流交汇区等温线特别密集,温度水平梯度特别大;另外在大洋暖水区和冷水区,两种水团的交界处,水温水平梯度也特别大,形成极锋。

(6) 冬季表层水温的分布特征与夏季相似,但水温的经向梯度比夏季大。

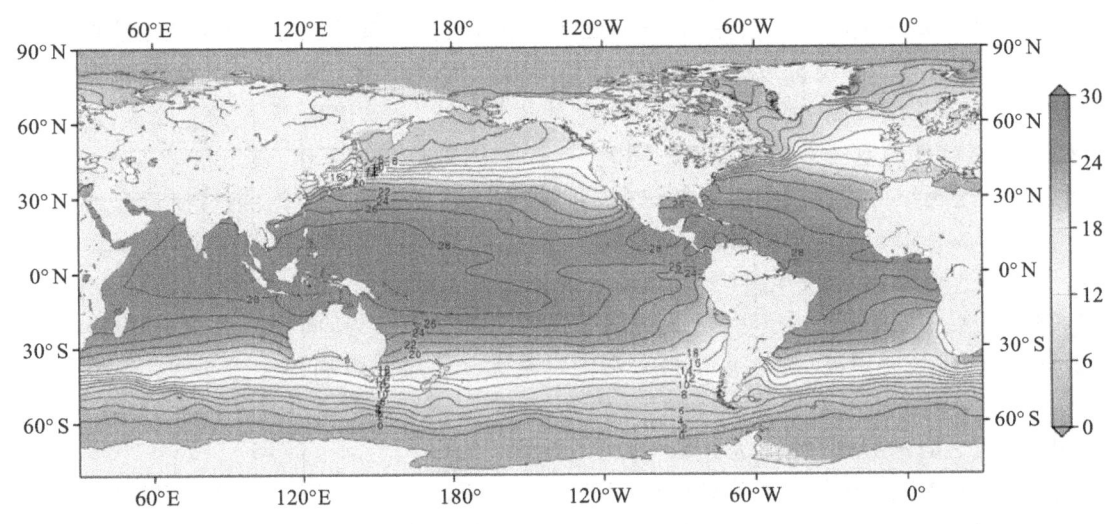

图 2.17　大洋表层水温分布图

2. 深层

大洋表层以下太阳辐射的直接影响减弱,环流情况与表层不同,所以水温分布与表层有差异。如图 2.18 至图 2.20 所示分别取 3 个典型深度的全球温度变化情况。

(1) 500 m:水温经向梯度减小,南北温差减小;西边界出现明显高温区,如图 2.18 所示。

(2) 1000 m:经向变化更小;北大西洋东部,高温区是高温高盐地中海水溢出形成高盐中

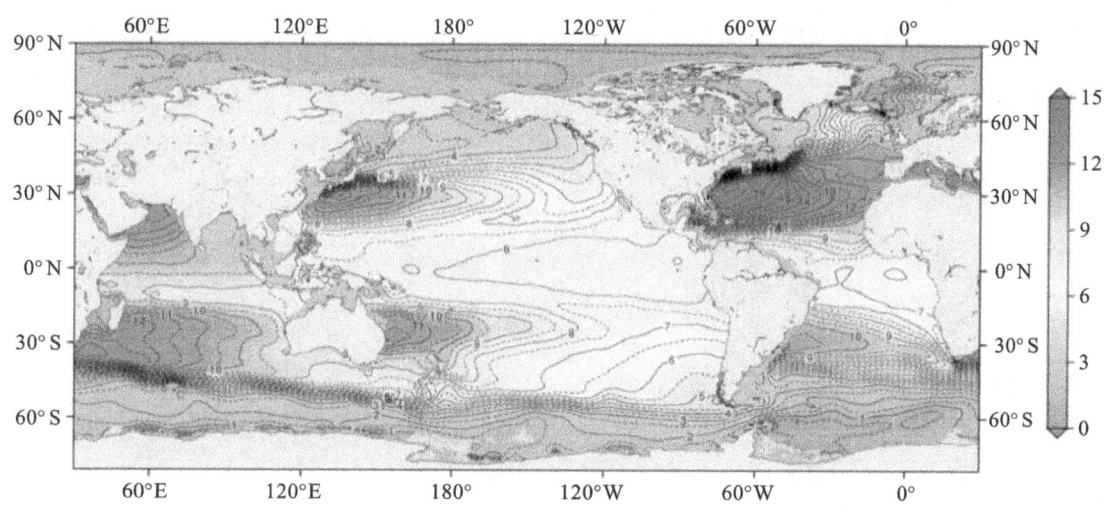

图 2.18　夏季(7—9 月)大洋深度 500 m 水温分布

层水;红海和波斯湾高温高盐水下沉形成印度洋北部相应的高温区,如图 2.19 所示。

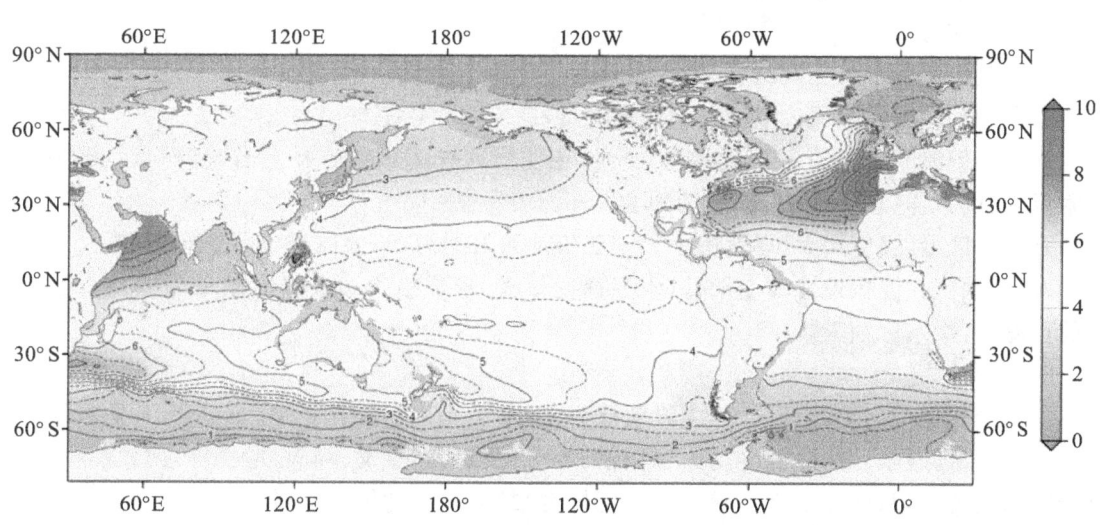

图 2.19　夏季(7—9 月)大洋深度 1000 m 水温分布

(3) 4000 m:温度分布均匀,整个大洋温差不过 3 ℃。

大洋底层的水温主要受南极底层水影响,性质均匀,约 0 ℃左右,如图 2.20 所示。

2.2.4　世界大洋水温垂直分布

1. 总体分布规律

世界大洋水温大体上随深度增加呈不均匀递减。一般表层为高温均匀层,下面为强大温跃层(主温跃层)。低、中纬度:上层为均匀混合层,下层为季节性温跃层。在高纬度极锋向极

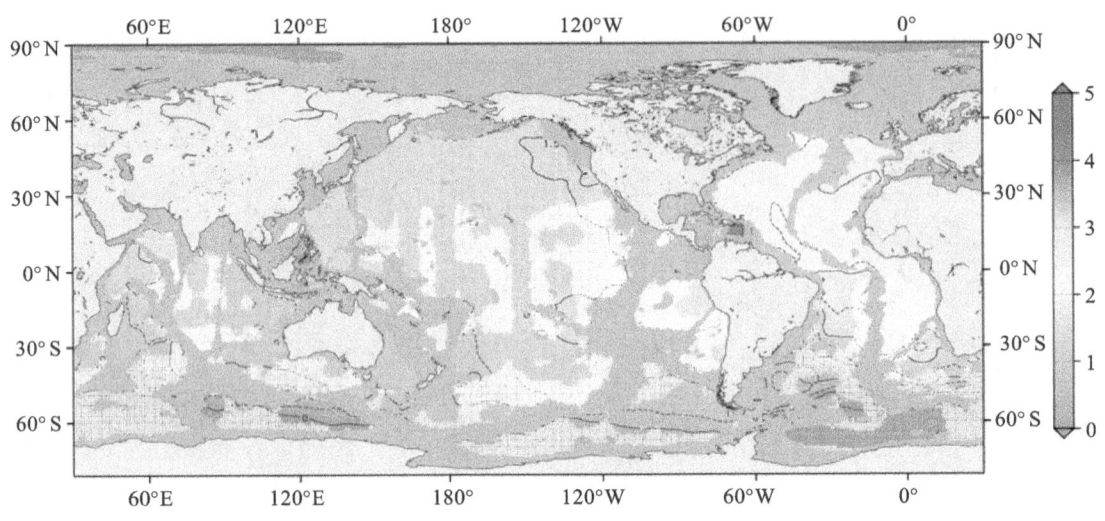

图 2.20 夏季(7—9 月)大洋深度 4000 m 水温分布

一侧,不存在永久性跃层,冬季在上层出现逆温现象(暖中间水),深度 100 m 左右;夏季冷中间水。极地水域不出现永久性跃层。大洋平均温度的垂直分布如图 2.21 所示。

1)主温跃层

主温跃层又称永久性温跃层,其水温梯度不随季节变化。

赤道附近的主温跃层较强、较薄,深度大约在 300 m 左右。

在副热带海域上界深度变深,厚度加大,在北大西洋海域(30°N 左右)其深度大约在 800 m 附近,在南大洋(20°S 左右)深度约为 600 m。

高纬度区域,强度增大,厚度减小。至亚极地可升达海面,大体呈"W"形态分布。

冷、暖水区在亚极地海面交汇处,水温梯度很大,形成极锋。极锋向极一侧的冷水区一直扩展至海面,暖水区消失。

2)上均匀层

上均匀层又称为上混合层,以主温跃层为界,其上是水温较高的暖水区,其下是水温梯度很小的冷水区,暖水区的表面受动力(风、浪、流等)及热力(蒸发、降温、增密等)因素的作用,引起强烈湍流混合,从而在上部形成一个温度梯度很小,几乎均匀的水层。

低纬度海区上均匀层深度一般不超过 100 m,赤道附近只有 50～70 m;冬季上均匀层加深,低纬度海区可达到 150～200 m,中纬度海区可延伸至大洋主温跃层。

3)季节性温跃层

在上均匀层下界,特别是夏季,由于表面增温,可形成很强的跃层,称为季节性跃层。冬季由于表层水温降低,对流进行,上均匀层向下扩展,导致季节性跃层消失。

4)季节性温跃层生消规律

3 月,季节性跃层尚未形成,即仍然保持冬季水温的分布状态。随着表层的逐渐增温,季节性跃层出现,且随时间的推移,其深度逐渐变小,但强度逐渐加大,至 8 月达到全年最盛时期;从 9 月开始,季节性跃层强度又逐渐减弱,且随对流混合的发展,其深度也逐渐加大,至次年 1 月近消失,恢复到冬季状态。

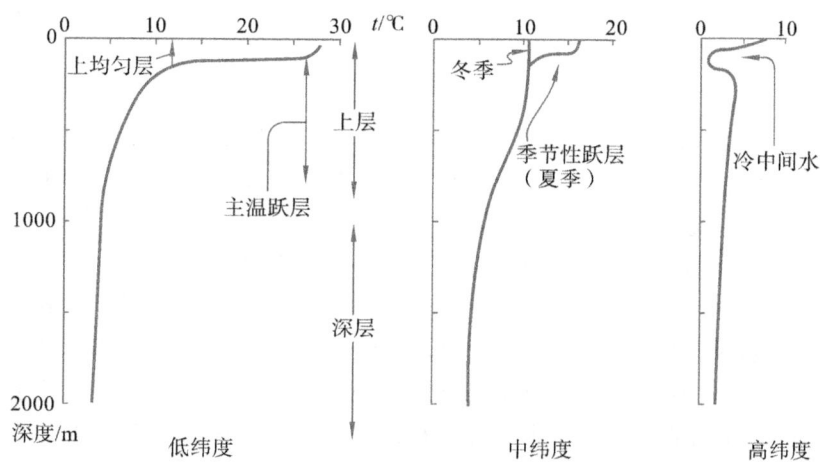

图 2.21　大洋平均温度典型竖直分布

2.3　海　　流

在浩瀚的海洋中,奔腾着许多巨大的海流,它们在风和其他动力的推动下,循着一定的路线周而复始地运动着,其规模比起陆地上的大江大川要大出成千上万倍,这些海流就像地球的血管一样,四通八达,把整个世界大洋连接起来。

2.3.1　海流的定义及分类

海流指海水大规模的具有相对稳定速度的非周期性流动,海流是三维的,习惯上常把海流的水平分量狭义地称为海流,而其竖直分量则单独命名为上升流和下降流。

在世界大洋的表层,分布着许许多多的海流,海流在运动过程中,把海水从一处搬运到另一处。海流源头处的海水被搬运走了,终点处的海水出现堆积。根据海水的连续性原理,在海流源头处应该有别的海流进行补充,而在海流终点处成为另一支海流的源头。这样世界大洋中的海流,将会形成一个个首尾相接的环流。

海洋环流一般是指海域中的海流形成首尾相接的相对独立的环流系统或流旋。在世界大洋中,海流都是以环流的形式存在的。

深层海水的流动主要由密度差异产生,一般出现在海洋密度跃层下方的深海区域,因此会影响 90% 的大洋水体。尽管这些密度差异通常很小,但足以使密度较大的水体下沉。深层海水的流动方向主要受到海底地形的影响,表现为全球海洋输送带的形式,也同样是环流。与表层海流相比,深层海流会输运更多的水体,但是流速很慢,典型速率是 10~20 km/a,流动一周要花上 1000 年的时间。因为深层海流的密度变化取决于温度和盐度的差异,所以深层环流也称为热盐环流。

常见的基本流动,有漂流、地转流、上升流、惯性流等。漂流发生在海洋表面和海底;地转流发生在海洋中间,是海洋处于动态平衡的运动;上升流沟通着海洋不同的水层,把富有营养物质的深层水带到表层;惯性流在海洋中随处可见,流动方向随时间改变,周期随纬度变化。

2.3.2　风海流

风海流又称为风生漂流,发生在海洋的表层,是由海洋与吹过海面的风之间的摩擦力产生的。只有约 2% 的风能被转移到海洋表层,例如:50 节的风能引起 1 节的海流。同时,由于海水摩擦耗散的原因,一般风海流的运动速度大小随海水深度增加而减小,直到消失。风海流能够影响到的海水深度,称为摩擦深度或艾克曼深度,通常只有几百米。

若地球上没有陆地,则海洋表层流通常会与地球上的主要风带一致。即在每个半球,第一个由信风带引起的环流将在 0°~30° 纬度之间流动;第二个由西风带引起的环流,在 30°~60° 纬度之间流动;第三个由极地东风引起的环流,在 60°~90° 纬度之间流动。但事实上,海洋的表层流并不只受全球风带的影响。地球上陆地的分布也是影响每个海盆中表层流的方向和特性的因素。

风海流的理论推导主要是由瑞典物理学家沃夫瑞德·艾克曼(1874—1954 年)完成的,但是风海流现象却是由弗里乔夫·南森(1861—1930 年)发现的。弗里乔夫·南森是挪威人,著名的探险家,也是第一个发现北极是海水而没有陆地的人。南森在北极探险时,发现冰山移动的方向和风吹的方向不一致,冰山向风向右侧 20°~40° 的方向运动。探险回来后,他就把这个问题,交给了艾克曼的导师,当时,艾克曼正在攻读博士学位。艾克曼的导师就把这个问题给了他,作为他的博士论文。然后,艾克曼于 1905 年开发了一个环流形态,称为艾克曼螺旋,它解释了南森观察到的现象,即这种现象是海洋中的摩擦效应和科里奥利效应相平衡的结果。因此,人们也把风生漂流称为艾克曼漂流。艾克曼螺旋描述了表层水在不同深度的流动速度和方向。艾克曼模型假定一个均匀水柱由吹过水柱表面的风引起运动。因为科里奥利效应,最表层的水向风右侧的 45° 方向运动(北半球)。表层水像一个薄层在深层水顶部运动。随着表层水的运动,下面其他各层水体也开始运动,进而通过水柱向下传递风能。

随着深度的增加,流速减小,但科里奥利效应增加了向右的弯曲度(像一个螺旋)。因此,连续水层便呈现出速度逐渐减慢、方向比上层水体逐渐右偏的一种运动。到达某一深度时,水体运动方向会与最表层的水体运动的方向正好相反。水足够深时,摩擦力将耗尽由风产生的能量,因此该层之下的水体不再出现风海流。尽管这还将取决于风速的大小和所在的纬度,但通常在 100 m 左右的深度,这种风海流就会消失。图 2.22 中展示了这种运动随着离海面深度的增加而表现出的螺旋特征。

图 2.22 中每个箭头的长度与每层水的运动速率成正比,每个箭头的方向代表水的运动方向。因此,在理想情况下,表层水体应在偏移风向 45° 的方向运动。所有水层结合起来,就产生了偏移风向 90° 的净水体输运。这种平均的输运称为艾克曼输送,它在北半球向右偏移 90°,而在南半球向左偏移 90°。在海洋中,这种理想情况极为罕见。因此,真实的表层运动方向与图中的角度稍有偏差。通常,表层流以偏移风向小于 45° 的方向运动,而在开阔大洋中艾克曼输送的方向通常偏移风向 70°。在较浅的沿岸海域,艾克曼输送的方向几乎与风向相同(见图 2.23)。由于风海流的这种体积输运现象,会引发的一系列的副效应,导致上升流和下降流的产生。

上升流是指营养盐丰富的深层冷水垂直运动到海面,下降流是指表层水垂直运动到海洋深层。上升流将冷水携带至表层。这些冷水的营养丰富,生产力高(出现大量微生藻类),同时催生了大量像鱼和鲸那样的海洋生物。另一方面,下降流虽与表层较低的生产力一致,但却携

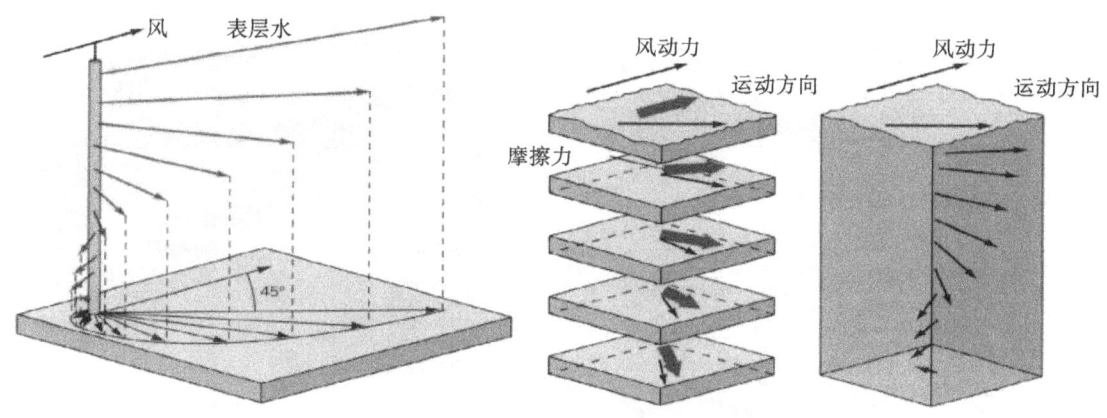

图 2.22　艾克曼螺旋和艾克曼螺旋线示意图

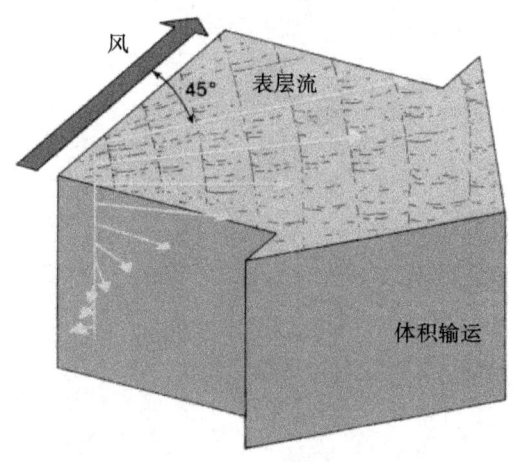

图 2.23　无限深海漂流的体积输运

带了深海生物所需要的溶解氧。

1. 沿岸的升降流

实际的海洋是有界的,风海流的体积运输必然导致海水在岸边发生辐散或辐聚。由于连续性,就必然引起海水在这些区域产生上升或下沉运动,产生上升流和下降流。

如图 2.24 展示了北半球在大陆西侧的沿海地区,风平行于海岸吹动,如果艾克曼输送会使沿岸水体朝风右侧运动,这时海水会远离海岸流去。下层水体抬升,补充远离海岸的海水,这个过程称为沿岸上升流。在美国西海岸,沿岸上升流发生的区域具有高浓度营养盐的特征,因此有高生产力和丰富的海洋生物。沿岸上升流也形成了较低的海温(例如旧金山沿岸),因此是夏季的天然空调(多凉爽天气和雾天)。

2. 气旋与反气旋

在气旋和反气旋风场中,也会引起上升流和下降流。

如图 2.25 所示,下沉气流近地表时向外侧流出,受科氏力影响形成高压反气旋型环流 H,上升气流在近地表处为向内侧流入,受科氏力影响形成低压气旋型环流 L。H 中的反气旋型环流引起海水向内辐聚,产生下降流;L 中的气旋型环流引起海水向外辐散,产生上升流。

3. 不均匀风场引起辐散、辐聚

大洋中,由于风场的不均匀导致海水输运的不均匀,从而引起了海水的辐聚和辐散,产生

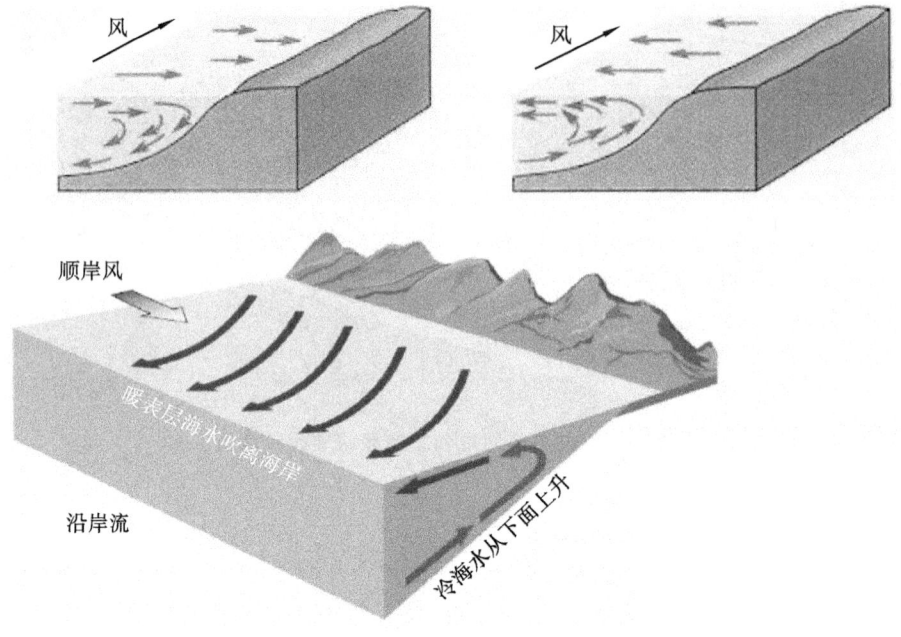

图 2.24　上升流

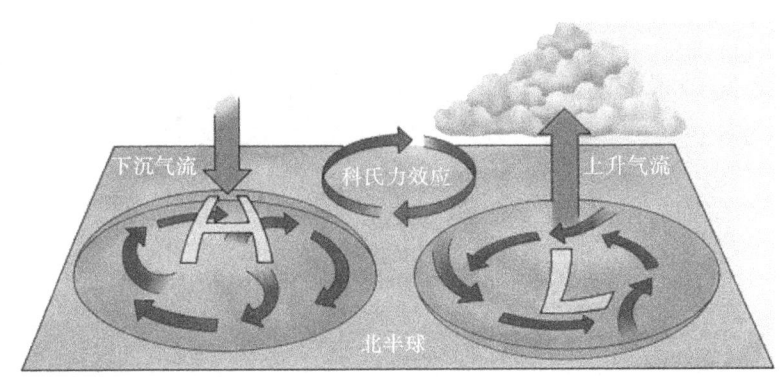

图 2.25　上升气流和下沉气流引起地表气旋和反气旋

升降流。

　　如图 2.26 所示,若是风速由北向南不断增大,则风速大的地方引起的海水体积输运多,风速小的地方引起的海水体积输运少,这样搬运走的海水多于搬运来的海水,将会引起海水的辐散,产生上升流。同理,若是风速由北向南不断减小,将会引起海水的辐聚,产生下降流。

　　4. 赤道附近海域辐散上升流

　　在赤道附近海域,由于信风跨越赤道,所以在赤道两侧所引起的海水体积运输方向相反而离开赤道,从而引起赤道表层海水的辐散,形成上升流(见图 2.27)。

2.3.3　大洋环流

1. 海洋表层环流的地理分布

世界大洋表层环流(见图 2.28)的总特征可以用风海流理论加以解释。比如太平洋和大

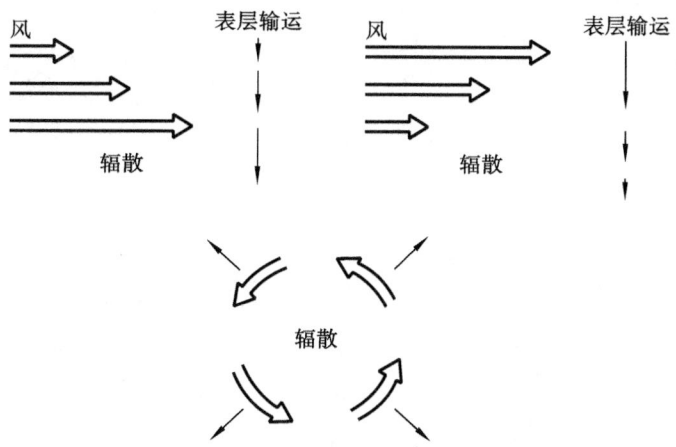

图 2.26　不均匀风场引起的海水辐散

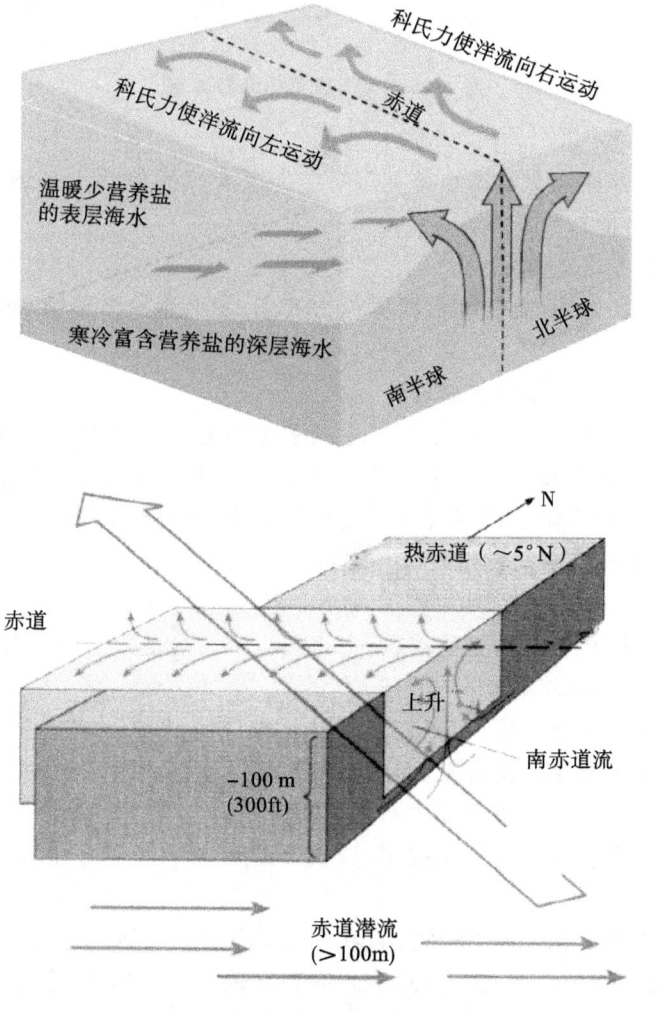

图 2.27　赤道附近海域辐散形成上升流

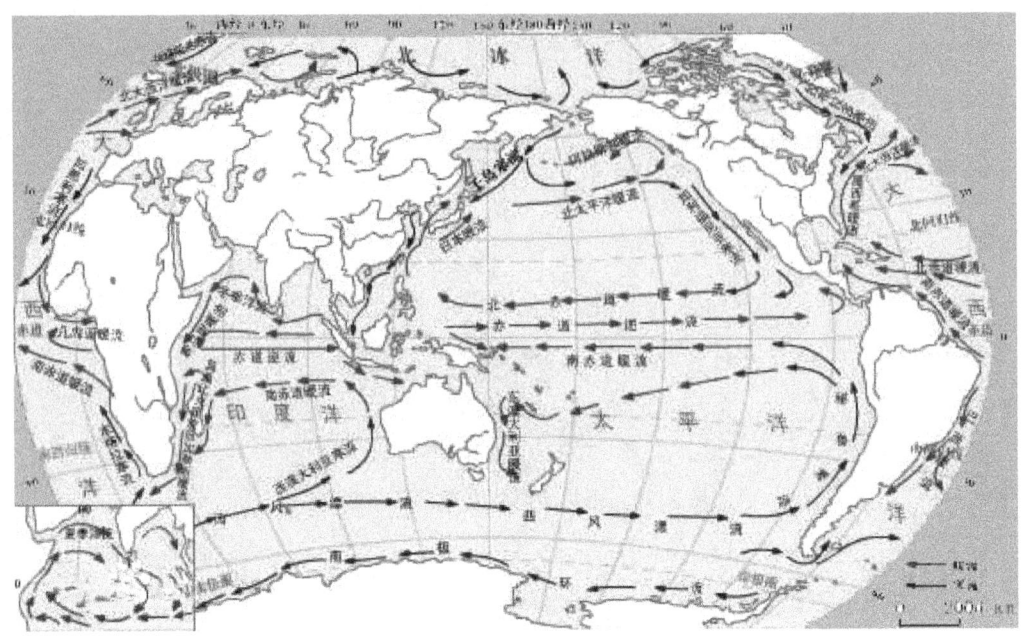

图 2.28　大洋表层环流各流系

西洋的环流型有相似之处：

①在南北半球都存在一个与副热带高压对应的巨大反气旋式大环流（北半球为顺时针方向，南半球为逆时针方向）；

②在它们之间是赤道逆流；

③两大洋北半球的西边界流（在大西洋称为湾流，太平洋称为黑潮）都非常强大，而南半球的西边界流则较弱；

④在主旋涡北部有一小型气旋式环流。

印度洋南部的环流型，在总的特征上与南太平洋和南大西洋的环流型相似，而北部则为季风型环流，冬夏环流方向相反。在南半球的高纬度海区，与西风带相对应为一支强大的自西向东的绕极流，在靠近南极大陆沿岸尚存在一支自东向西的绕极风生流。

2. 大洋表层环流各流系的特征

1）赤道流系

①南、北赤道流对应信风带，亦称信风流。南北不对称，夏季北赤道流在 $10°N$ 到 $25°N$ 之间，$3°N$ 到 $10°S$ 之间；冬季稍偏南。

②赤道流自东向西逐渐加强，局限在表面以下到 $100\sim300$ m 的上层，平均流速为 $0.25\sim0.75$ m/s。下部有强大的温跃层存在，温跃层以上为温暖高盐的表层水。溶解氧含量高，营养盐低。赤道流是高温、高盐、高水色及透明度大的流系。

③印度洋赤道流系。主要受季风控制，11 月至翌年 3 月盛行东北季风，$5\sim9$ 月盛行西南季风。

④赤道逆流对应赤道无风带，平均位置在 $3°N$ 到 $10°N$ 之间。逆流区有充沛的降水，相对赤道流具有高温、低盐特征。它与北赤道流之间存在辐散上升运动，水色和透明度也相对低。

⑤赤道潜流位于南赤道流区下方温跃层内，与赤道流相反，自西向东流，成带状分布，厚约 200 m，宽 300 km，最大流速达 1.5 m/s。流轴常与温跃层一致，向东变浅。

2）西边界流

①上层西边界流是指大洋西侧沿大陆坡从低纬向高纬的强流。有太平洋黑潮和东澳流，大西洋湾流和巴西流，印度洋莫桑比克流。上层西边界流是反气旋环流的一部分，是赤道流的延续。与近岸水相比，具有高温、高盐、高水色和透明度大等特征，北强南弱。

②湾流：佛罗里达流与安地列斯流汇合处视为起点，北上经 1200 km，到哈特拉斯角，又离岸向东，直到 45°W 附近的格陵兰滩以南，行程 2500 km，然后转向东北，横越大西洋的北大西洋流。湾流在海面宽度为 100～150 km，表层最大流速为 2.5 m/s，最大流速偏在流轴左方，沿途流量不断增大，影响深度可达海底。两侧有自北向南的逆流存在。湾流方向左侧为高密冷水，右侧为低密暖水，水平温度梯度高达 10 ℃/20 km。等密线倾斜渗达 2000 m 以下。绝大部分达海底。有弯曲现象，流轴弯曲足够大，与主流分离，在南侧形成气旋式冷涡，在北侧则形成反气旋式暖涡（见图 2.29）。空间特征尺度为数百千米，有时存在几年，沿湾流相反方向移动。

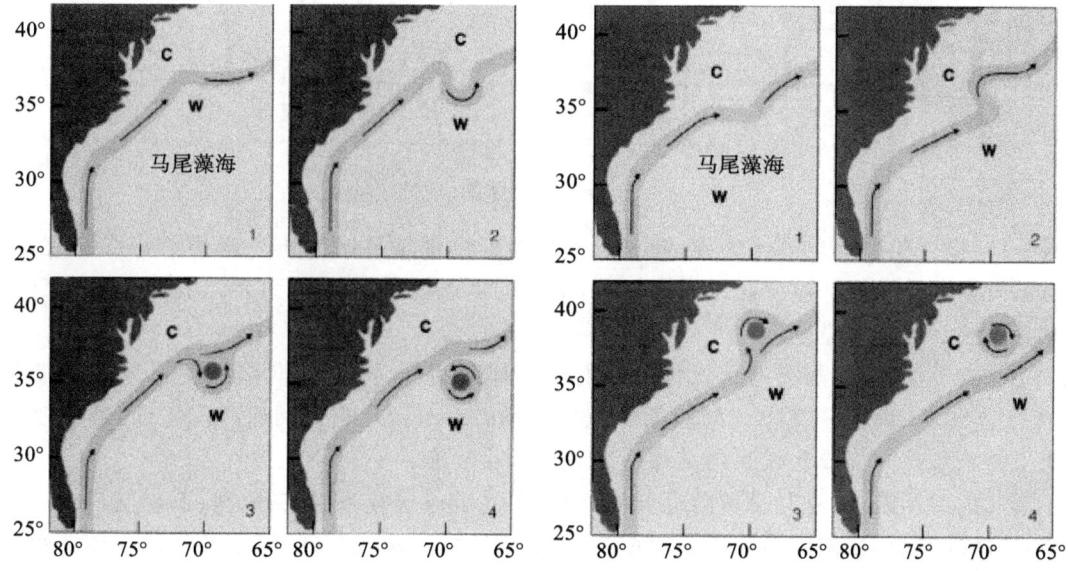

图 2.29　湾流的中尺度涡

③黑潮：菲律宾群岛东侧北上，主流从台湾东侧经台湾和与那国岛之间水道进入东海，沿陆坡向东北方向流动。到九州西南方一部分向北称为对马暖流，经对马海峡进入日本海。在此之前也有一部分进入黄海称黄海暖流，具有风生补偿流特征。黑潮主干经吐噶喇海峡进入太平洋，沿日本列岛流向东北。在 35°N 附近分两支：主干转向东流直到 160°E，称黑潮延续体，一支在 40°N 附近与亲潮汇合转向东流汇于黑潮延续体，横过太平洋（见图 2.30）。

黑潮与湾流相似，也是一支斜压性很强的海流，同样处在准地转平衡中。强流宽约 75～90 km，两侧水位相差 1 m 左右。影响深度达 1000 m 以下，两侧也有逆流存在，在日本南部流速可达 1.5～2.0 m/s。东海黑潮逆流速一般 3 月份最大，11 月份最小。

西边界流每年向高纬输送热量，约同暖气团输送热量相等。

3）西风漂流

与南北半球盛行西风带相对应的是自西向东的强盛的西风漂流（见图 2.28），即北太平洋流、北大西洋流和南半球的南极绕极流，它们分别是南北半球反气旋式大环流的组成部分。其

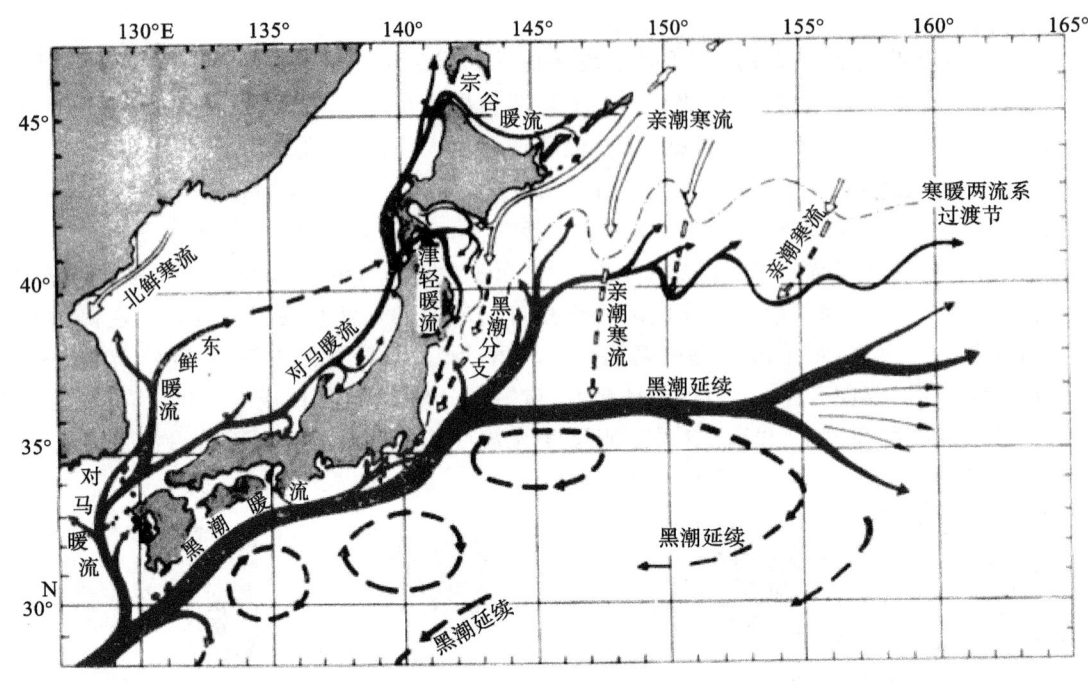

图 2.30　黑潮

界限是：向极一侧以极地冰区为界，向赤道一侧到副热带辐聚区为止。其共同特点是：在西风漂流区内存在着明显的温度经线方向梯度，这一梯度明显的区域称为大洋极锋。极锋两侧的水文和气候状况有明显差异。

①北太平洋流：是黑潮的延续体。在北美沿岸附近分为两支：向南一支称为加利福尼亚流，汇于赤道流；向北一支称为阿拉斯加流（Alaska current），它与阿流申流汇合，连同亚洲沿岸南下的亲潮共同构成北太平洋高纬海区气旋式小环流。

②北大西洋流：在欧洲沿岸附近分为三支，中支进入挪威海，称挪威海流；南支沿欧洲海岸向南，称加那利流，在向南与北赤道流汇合，构成北大西洋反气旋式环流；北支流向冰岛南方海域，称伊尔明格流，由东、西格陵兰流及北美沿岸拉布拉多流构成。北大西洋高纬海区气旋式小环流。

③南极绕极流：由于南极海域连成一片，南半球西风漂流环绕整个南极大陆，是一支自表至底、自西向东的强大洋流，其上部是漂流，下部为地转流。南极锋位于其中，大西洋和印度洋的南极绕极流平均位置为 50°S，太平洋的南极绕极流位于 60°S。极锋两侧海水特性、气候特征有明显差异。极地海区干冷、亚南极海区为极地气团与温带海洋气团轮流控制，季节性明显。

④南极辐聚带：风场分布不均，低温、低盐、高溶解氧的表层水在极锋向极一侧辐聚下沉而形成南极辐聚带。南极绕极流有太平洋东岸向北分支为秘鲁流、大西洋本格拉流、印度洋西澳流。分别在各大洋中向北汇入南赤道流。

⑤"咆哮 45°"或"咆哮好望角"：在南北半球西风漂流区内，存在着频繁的气旋活动，降水量较多，海况恶劣。特别南半球的冬季，风与浪更大。

4）东边界流

大洋东边界流有太平洋的加利福尼亚流、秘鲁流，大西洋的加那利流、本格拉流，印度洋的西澳流。由于它们从高纬流向低纬,因此都是都是寒流,同时都处在大洋东边界,所以称为东边界流。与西边界流相比较,它们的流幅宽、流速小、影响深度浅,水色低、透明度小。上升流是东边界流海区的一个重要水温特征。

原因:信风常年沿岸吹,风速分布不均,近岸小,海面大,海水离岸运动。另外,来自高纬海区的寒流,形成大气冷下垫面,上层大气层结稳定,有利海雾形成,因此干旱少雨。与西边界流区具有气候温暖、雨量充沛的特点形成明显的差异。

5) 亚北极海流

大西洋:伊尔明格流、东格陵兰流、西格陵兰流、拉布拉多流、西风漂流。

太平洋:阿拉斯加流、阿留申流、亲潮、西风漂流。

6) 极地环流

北冰洋中的环流:从大西洋进入的挪威流及一些沿岸流。加拿大海盆为一巨大反气旋式环流,从楚奇科海穿越北极到达格陵兰海,部分西折,部分汇入东格陵兰流,把大量的浮冰携带进入大西洋。

南极海区环流:南极大陆边缘一个很窄范围内,极地东风作用,形成一支自东向西绕南极大陆边缘的小环流,称为极地东风环流。与南极绕极流间,形成南极辐散带。与南极大陆间形成海水沿陆架的辐聚下沉,即南极大陆辐聚区,亦是南极陆架表层海水下沉的动力学原因。

7) 副热带辐聚区

在南北半球反气旋式大环流的中间海域,流向不定,因季节变化分别受西风漂流与赤道流的影响,一般流速甚小。由于它在反气旋式大环流中心,表层海水辐聚下沉称为副热带辐聚区。把大洋表层盐度最大、溶解氧含量高的温暖水带到表层以下,形成次表层水。

副热带逆流:该区内的天气干燥晴朗,风力微弱,海面较平静。海水辐聚下沉,悬浮物少,具有世界上最高的水色和最大透明度,被称为"海洋沙漠"。

8) 世界大洋上层的铅直向环流

世界大洋上层铅直向环流赤道海区,海水输运有南北分量,导致海水的辐聚下沉与辐散上升运动,由于连续性,在一定深度上形成了经向的次级小环流。所处深度较浅,变动于 $50\sim100$ m 之间。使赤道海区表面的热量和淡水盈余向高纬方输送,部分调节了热盐的分布状况。

2.4　海　浪

2.4.1　海浪概述

海浪是海洋中最常见的一种自然现象,是海水的重要运动形式之一,它是海洋中波动现象的统称,它的基本特征是海水运动随时间与空间的周期性变化。海浪对军事活动有着非常重要的影响,是海战场环境的重要组成部分。海浪会增加舰艇航行的阻力,使舰艇航速降低;海浪也会使舰艇摇摆,导致舰员出现晕船现象;海浪还会影响舰炮、导弹等武器的正常发射和舰载机的起降等。所以我们非常有必要认识海浪。

1. 海洋中的波动现象

海洋中的波动是海水的重要运动形式之一。从海面到海洋内部处处都可能出现波动。波动的基本特点是,在外力的作用下,水质点离开其平衡位置做周期性或准周期性的运动(见图

2.31)。由于流体的连续性,必然带动其邻近质点,导致这种运动状态在空间的传播,因此运动随时间与空间的周期性变化是波动的主要特征。从研究简单波动入手来研究实际海洋中的波动是一种可行的方法。而且简单波动的许多特性可以直接应用于解释海洋波动的性质。海浪就是海洋波动的统称。

图 2.31　海水质点波动示意图

2. 海浪基本要素

理想海浪的运动具有较为规则的周期性,根据我们以前学习的物理知识,一个简单波动的剖面可用一条正弦曲线加以描述(见图 2.32),运动性质可由波峰、波谷、波长、波高、波速、周期、波向、波峰线、波陡等基本要素描述。

曲线的最高点称为波峰,曲线的最低点称为波谷,相邻两波峰或波谷之间的水平距离称为波长,一般用字母 λ 表示,相邻两波峰或者波谷通过某固定点所经历的时间称为周期,习惯上用字母 T 表示。显然,波形传播的速度 $c=\lambda/T$。从波峰到波谷之间的铅直距离称为波高 H,波高的一半 $a=H/2$ 称为振幅,振幅就是指水质点离开平衡位置的向上或向下的最大铅直位移。

波高与波长之比称为波陡。一系列波浪中,波峰的连线称为波峰线;波形传播的来向称为波向,表示波向的线称为波向线,很明显波向线与波峰线是相互垂直的。

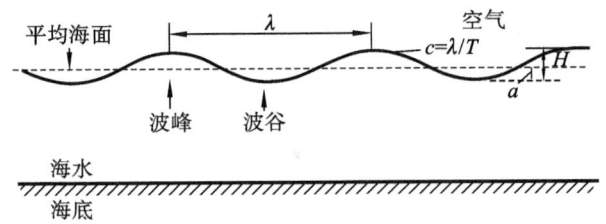

图 2.32　海浪的基本要素

3. 海浪的分类

根据不同的原则,海浪可分为不同的种类。

(1) 根据引起海水波动的原因不同进行分类,可分为表面张力波、风浪、涌浪、潮波、海啸波等。如金龟子落在水面游泳时,或是水流经过小树枝,在其前方均会产生短波长的波痕,这些都是表面张力波(见图 2.33),它的恢复力是表面张力,周期一般小于 1 s;在海面风的作用下,形成的海浪通常称为风浪(见图 2.34),周期在 1～30 s,当风力减弱、停止或风向改变时,原来在风作用下的风浪就变成涌浪(见图 2.35),周期在 30 s～5 min,风浪和涌浪的恢复力主要是重力;由海岸或海底地震造成海床垂直移动所产生的地震波浪(见图 2.36),周期从 5 min 到数小时;由日、月引潮力引起的潮波,周期为 12～24 h。

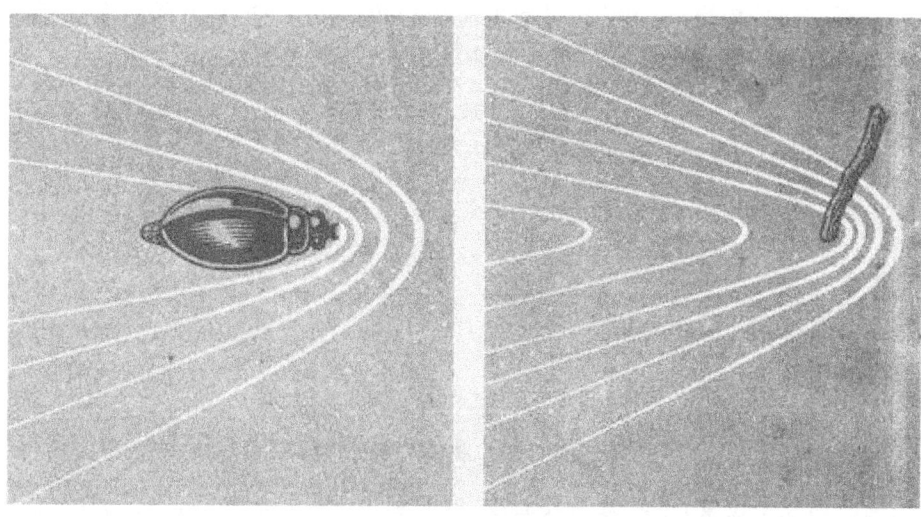

图 2.33　表面张力波

图 2.34　风浪

图 2.35　涌浪

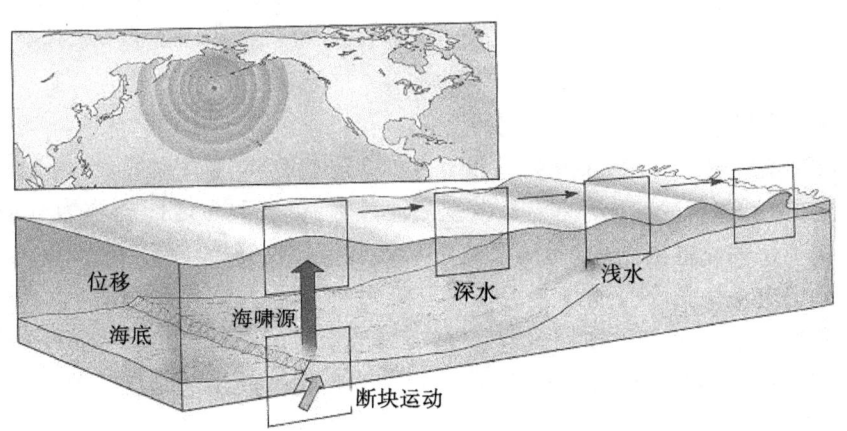

图 2.36　地震造成的海啸波示意图

（2）根据波形传播方式，可以分为前进波和驻波（见图 2.37）。前进波，外观波形以特定速度行进；驻波是一种特殊形式叠加的波浪。驻波由两列振幅、周期、波长相等，但传播方向相反的正弦波相叠加而成。驻波中，振幅最大的点称为波腹，其振幅为合成前振幅的两倍，波腹处水质点只有铅直方向运动分量；振幅为零的点称为波节，波节处水质点只有水平方向的运动分量。驻波的波形不向外传播,波腹和波节点的空间位置是固定的,它不随时间变化,因此没有体积输运。驻波看上去外观波形没有明显的移动趋势,各点仅有水面上下起伏。

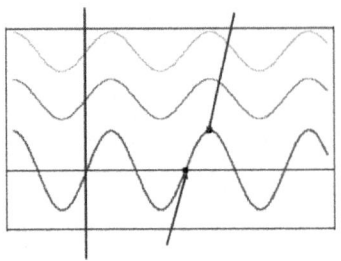

图 2.37 驻波波形图

（3）根据波动发生位置,可以分为表面波、内波和边缘波。其中表面波（见图 2.38）是发生在两种不同性质流体界面上的波动,通俗地说也就是在海面上的波动;当流体内部密度垂直分布呈现层化构造时,流体内部也会出现波动,称为内波（见图 2.38）;波浪斜射边界,入射波与反射波相叠加形成沿着平行于边界方向传播的波形称为边缘波（见图 2.39）。

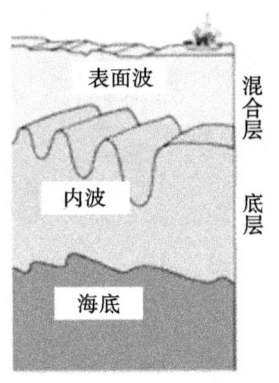

图 2.38 表面波和内波示意图

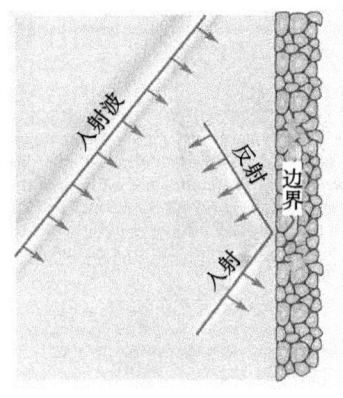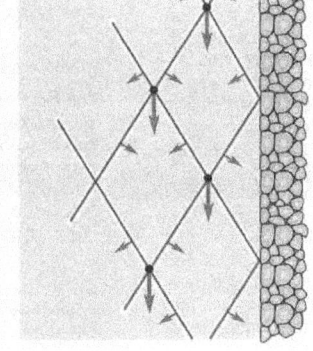

图 2.39 边缘波示意图

（4）根据水深与波长之比可以分为深水波、浅水波和有限深水波。水深与波长比大于1/2,属于深水波;水深与波长比小于1/20,属于浅水波;介于两者之间的称为有限深水波。深水波中水质点的运动轨迹为圆形,而浅水波中水质点运动轨迹为椭圆形。

不同类型的海浪中蕴含的能量差别较大。图 2.40 所示为海洋波浪能量分布图,横坐标表示了海浪的周期,纵坐标反映的是不同周期的海浪所蕴含的能量大小。从分布图中可以看出,由风引起的周期从 1～30 s 的风浪和周期 30 s～5 min 的涌浪所占能量比例最大。

4. 海浪的叠加

实际海洋中的波动是一种十分复杂的现象,严格说,它们都不是真正的周期性变化。实际海洋中的波动远非简单波动的性质能够描述的。例如:在陡峭的海岸、码头附近和港湾内,由于波动的反射造成的驻波;在海洋中,波浪的传播往往是一群一群的,各波动的振幅并不相等,且随时随地变化着。这些情况仅仅用前面介绍的简单波理论就不太好解释了,我们可以用简单波动的叠加来解释。任何一个波动,都可以看成一系列简单波的叠加。那么,是不是两列波叠加一定能使波动变大呢? 这不一定。

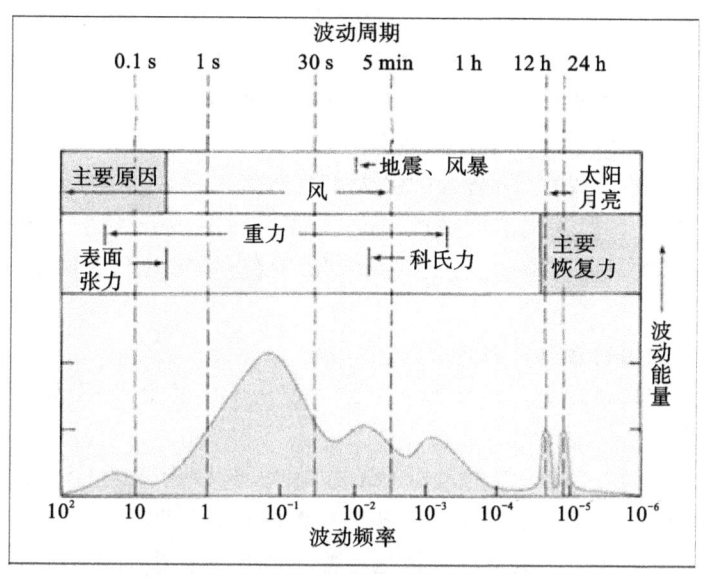

图 2.40　海洋波浪能量分布图

如图 2.41 所示,当两列波始终保持波峰与波峰叠加、波谷与波谷叠加,就会使波动更加剧烈,可以称之为建设型叠加;当两列波始终保持波峰与波谷叠加、波谷与波峰叠加就会使波动减弱,称之为破坏型叠加;更多的情况是介于两者之间,称之为混合型叠加。驻波是一种特殊形式叠加的波浪。

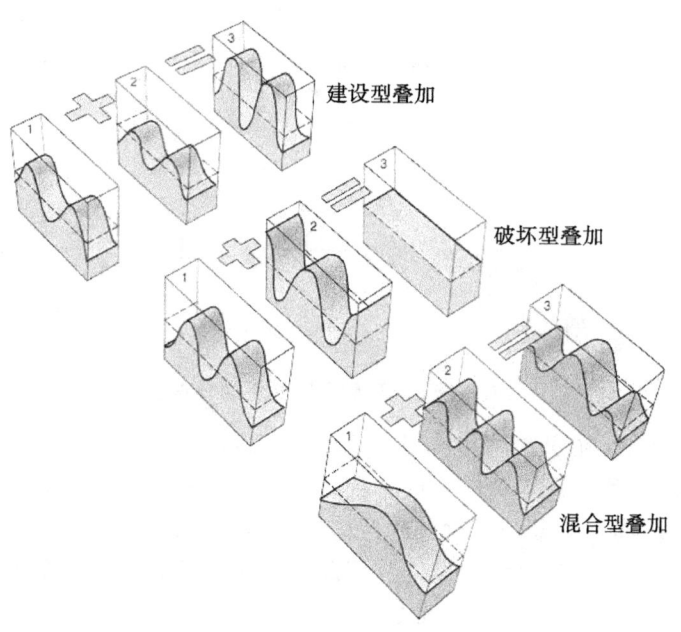

图 2.41　波浪的叠加

2.4.2　风浪和涌浪

在各类海浪中,风浪和涌浪所占能量比例最大,对舰船活动的影响也最大。

1. 风浪

风浪是一种重力波，是风的能量传递到海洋中形成的。大多数风浪的波高在 3 m 以下，大洋中的大部分风浪波长都在 60～150 m。风浪往往波峰尖削，波峰线短，周期小，在海面上的分布很不规律，当风大时常常出现破碎现象，形成浪花。

我们经常听到两个词"无风不起浪"、"风大浪高"，说的是风浪的产生是由于风的作用，浪的大小与风的大小有关。但是风浪的成长与大小，不是只取决于风力，而是与风所作用水域的大小和风所作用时间的长短有密切关系。为此，我们引进风时和风区两个概念，以便于对风浪成长进行讨论。

风时：状态相同的风持续作用在海面上的时间。

风区：状态相同的风作用海域的范围。习惯上把从风区的上沿，沿风吹方向到某一点的距离称为风区长度。

如图 2.42 所示，假定风速一定的风沿 OX 方向吹，点 O 为风区上沿，OA 为风区内某点 A 的风区长度。观察点 A 风浪成长以及其他各处风浪成长的过程。

不同时刻点 A 观察到的波浪都是从风区上沿不同地点传播而来的；离点 A 越近的波浪到达点 A 所用的时间越短，传播过程中从风中摄取的能量也越少，因此尺度也越小，反之，离点 A 越远的波浪传至点 A 时其尺度越大；离点 A 最远的波浪是从风区上沿产生，当它传播至点 A 时，点 A 的风浪尺度便达到了理论上的最大值，即不随时间的增加而增大，达到了定常状态；而风区下沿的波浪还将随时间的增加而继续增大，称为过渡状态；当点 A 达到定常状态时，随时间的推移，定常状态区域会继续向风区下沿方向移动，过渡状态区域的波浪尺度同时继续增大。

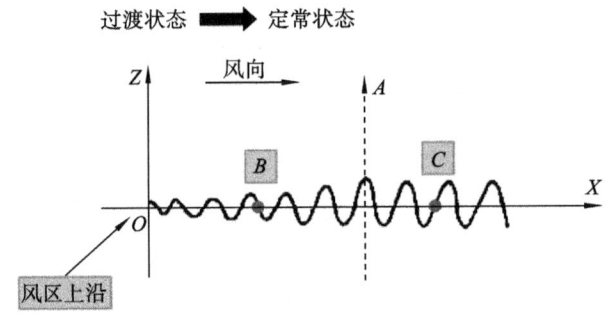

图 2.42　风浪随风区长度的分布图

根据上述讨论可见，在定常风的作用下，对应于风区内某点，风浪达到定常状态所用的时间是一定的，这段时间称为最小风时。或者说，对应于某一风区长度，风浪成长至理论上最大尺度所经历的最短时间称为最小风时。从讨论开始的假设条件我们知道，这段时间就是风区上沿所产生的波浪传播至某点经历的时间，因此不同风区，对应于不同的最小风时，当实际风时大于最小风时时，波浪为定常状态，反之为过渡状态。

同理，当实际风时一定时，当然对应于某一风区长度内的波浪达到定常状态，这一风区长度称为最小风区。因此最小风区的定义为，对应于某一风时，风浪成长至理论上最大尺度所需要的最短距离。当实际风区小于最小风区时风浪为定常状态，反之为过渡状态。

以上讨论了风浪成长与风时、风区的关系，提出了最小风时与最小风区的概念，以及如何利用它们对风浪状态进行判断。同时可以看出，定常状态的波浪只受制于风区，而过渡状态的风浪则只受制于风时。

但是,当风时与风区足够长与足够大时,风浪尺寸不会无限增长。因为波浪在成长到一定尺度后,由于内摩擦等原因所消耗的能量比它摄取的能量增加得快,当摄取与消耗的能量达到平衡时,波浪尺寸便不再增大,此时的风浪称为充分成长状态(见图 2.43)。达到充分成长状态所对应的风时与风区,称为充分成长的风时与风区。

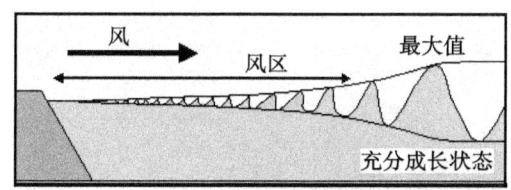

图 2.43　风浪的成长

2. 涌浪

当海面的风力迅速减小、平息或风向改变后,海面上遗留下来的波动将不会从原来的风场中继续摄取能量,但波动不会立即消失。它们在原来海区继续传播,甚至传至其他海区,经过漫长路程和时间而慢慢消衰。此时的波动称为涌浪。

具有相同源地和周期的涌浪时常呈一列列并行传播,称为波列。处于最前面的涌浪把波动传递给前方平静的海水,使其发生扰动,同时它的能量也不断向前传播。前方的涌浪不断形成,而后方的涌浪逐渐消失。

涌浪在传播过程中的显著特点是波高逐渐降低,波长、周期逐渐变大,从而波速变快。这一方面由于内摩擦作用使其能量不断消耗所致,另一方面是由于在传播过程中发生弥散和角散所致。

由于实际的海浪可视为是由许多不同波长、不同周期和振幅的分波组成,这些组成部分在传播过程中,波长大的速度快,波长小的速度慢,于是使原来叠加在一起的波动分散开来,这种现象称为弥散。

又由于各个分波的传播方向也不尽一致,在传播过程中向不同方向分散开来,这种现象称为角散。正是由于上述种种原因使其波高不断降低。

由于弥散,波速快、波长大的跑在前面,因此,传播距离越远,波长大、周期长的涌浪越占优势地位。但波高却变得更小,以致在海上难以看到它,然而当它传播到浅水或近岸时,由于地形效应,波高迅速增大,波长减小,常常以波群的形式出现,在瞬间释放出巨大的能量,形成猛烈的拍岸浪,它是冲蚀岸滩的活跃因子之一,对岸边建筑物破坏性很大,但到此也就结束了它的生命。

由于涌浪传播速度很快,常在风暴到来之前先行到达。如果某地开始观测到周期很大而波高极小甚至极难观察到的涌浪到来,继而周期逐渐变小,浪高继续增大,则意味着风暴可能向本地袭来。因此,人们把这种涌浪称为先行涌。有时甚至可在风暴到来之前几天出现。

涌浪的传播距离十分惊人,据调查,北太平洋加利福尼亚西南沿岸,夏季缓缓而有力的拍岸浪,竟是由 10000 km 以外的南极大陆附近的大洋风暴产生的波动传播而来的涌浪所致。

观测表明,在海洋中风浪和涌浪会单独存在,但往往同时存在,它们的传播方向也往往不同。有经验的观测者很容易把它们区分开来。

2.4.3　波浪的破碎

在海洋中风大时,波陡达到一定值,波浪开始破碎(见图 2.44)。而当海浪传到浅水区后,由于波长变短,波高增大,波陡迅速增大,波浪也可发生破碎。波浪的破碎类型主要有溢浪(见图 2.45)和崩卷浪(见图 2.46),溢浪的破坏力不及崩卷浪。

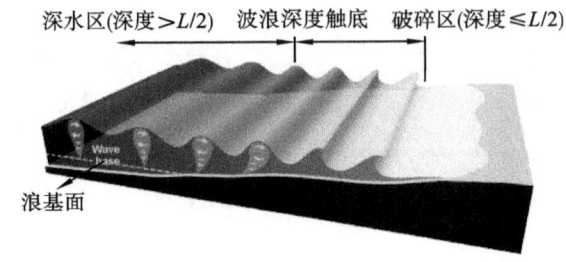

图 2.44　波浪的破碎

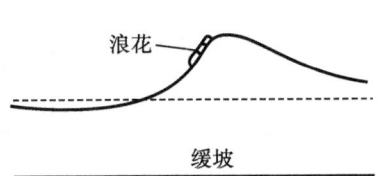

图 2.45　溢浪

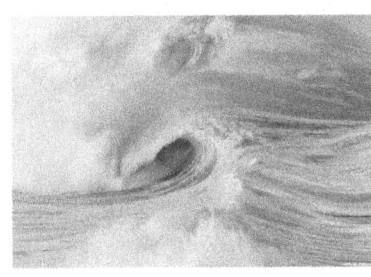
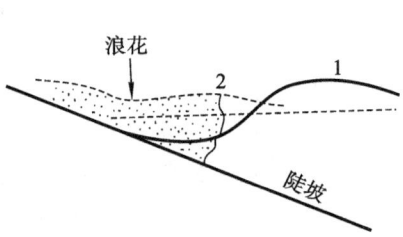

图 2.46　崩卷浪

由于海底摩擦作用以及于波峰处,水深大,从而相速也大,而在波谷处,由于水深小,相速也小,导致波面变形。当波峰前的坡度很大时,便发生卷倒现象,在岸边形成拍岸浪,导致破碎。有时海洋中的浅滩、沙洲、暗礁区之上,波浪也常常出现破碎现象,此称为溢浪。有经验的航海者对这种现象十分了解。

2.4.4　波浪反射与绕射

当波浪遇到比较陡峭的海岸时,会发生反射而形成驻波,在港湾、码头常会见到驻波,但范围不会太大。当波浪遇到障碍物时,例如岛屿、海岬、防波堤等,它可以绕到障碍物遮挡的后面水域去,这种现象称为绕射(见图 2.47)。当然,由于能量的侧向扩散,所以绕射后的波高明显减小。假如绕射前的波高为 H_0,绕射后的波高为 H,则 $K=H/H_0$ 或 $H=KH_0$,K 称为绕射系数,它可以通过模拟实验得到,以便为一些海岸工程提供设计的依据。

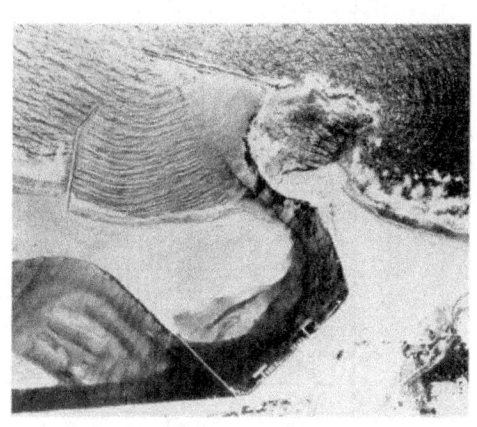

图 2.47　波浪的绕射

2.4.5　海浪的随机性与海浪谱

1. 海浪的随机性

海面上的波浪高低不等,长短不齐,此起彼伏,瞬息万变,杂乱无章,似无规律可循。利用简单波动的理论已无法说明它。海浪的大小如何来描述呢?

早在 20 世纪 50 年代初,人们就采用了将海浪视为由许多振幅、频率、方向、相位不同的简单波动叠加这一观点和方法,对海浪进行研究。规定这些简单波动的振幅或相位是随机量,从而叠加的结果肯定也是随机的。由于海洋中风与风浪相互作用的复杂性,海浪的特性之一就是随机性。严格来讲,海浪不是一个平稳随机过程,但是在较短时间内,如 $10\sim20$ min,可以认为海浪统计性质不变,近似看成是平稳随机过程。

海浪是一个随机过程,所以就无法用一些确切的数值来表述大小,只能使用统计值。最常用的统计指标就是波高。所以人们常用特征波高来描述海浪,常用的有最大波高、平均波高和部分大波波高。

最大波高:是指资料统计各个波高的最大值。

平均波高:从概率的意义而言,平均波高在资料统计中代表的是各个波高的算术平均值。

部分大波波高 H_P:我们将统计资料中的波高按从大到小的顺序依次排列(见图 2.48),取其中最高的 P 部分的平均值,其中 $0<P<1$,称为 P 部分大波平均波高。最常用有:1/3 大波波高 $H_{1/3}$,又称为有效波高,或者有义波高,海洋预报中浪高也是指 $H_{1/3}$。相应地,根据波高所对应的周期 T 也可以计算出需要的各种周期。

最大波高和平均波高的计算比较容易理解。例如,图 2.48 中共有 21 个波高统计值,最大值是第 1 个,4.89 m;平均波高就是将 21 个波高值进行算数平均,平均波高为 2.43 m。有义波高的计算,首先需要将 21 个波高值按照从大到小进行排列,然后将前 1/3 的波高取平均值,也就是前 7 个波高的平均值,针对这个表中统计的波高,有义波高为 3.63 m。我们看的天气预报中预报海浪大小一般就用有义波高。

特征波高的计算

新序号	波高/m	周期/s	原序号
1	4.89	8	16
2	4.52	6.9	3
3	4.08	8.2	15
4	3.2	7.3	5
5	2.98	6.9	21
6	2.94	7.9	19
7	2.83	9.2	18
8	2.58	11.9	4
9	2.43	9	17
10	2.37	4.3	10
11	2.23	5.3	20
12	2.05	8	2
13	2.05	6.3	9
14	1.97	7.6	13
15	1.95	8	12
16	1.9	4.4	7
17	1.87	5.4	6
18	1.62	7	14
19	1.03	6.1	11
20	1	5.2	8
21	0.54	4.2	1

$$H_{1/3} = \frac{1}{7} \sum_{i=1}^{6} x_i = 3.63 \text{ m}$$

图 2.48　特征波高计算图示

2. 海浪谱

海浪的总能量 E 是由全部各组成波提供的，其中频率为 ω 的组成波所提供的能量，以其相当量 $S(f)$ 表示，故 $S(f)$ 代表海浪中能量相对于组成波频率 ω 的分布。它被称为海浪频谱或能谱。由于组成波的传播方向不同，因此不同组成波的能量以 $S(f,\theta)$ 或 $F(f,\theta)$ 来描述，有时称其为方向谱（见图 2.49）。

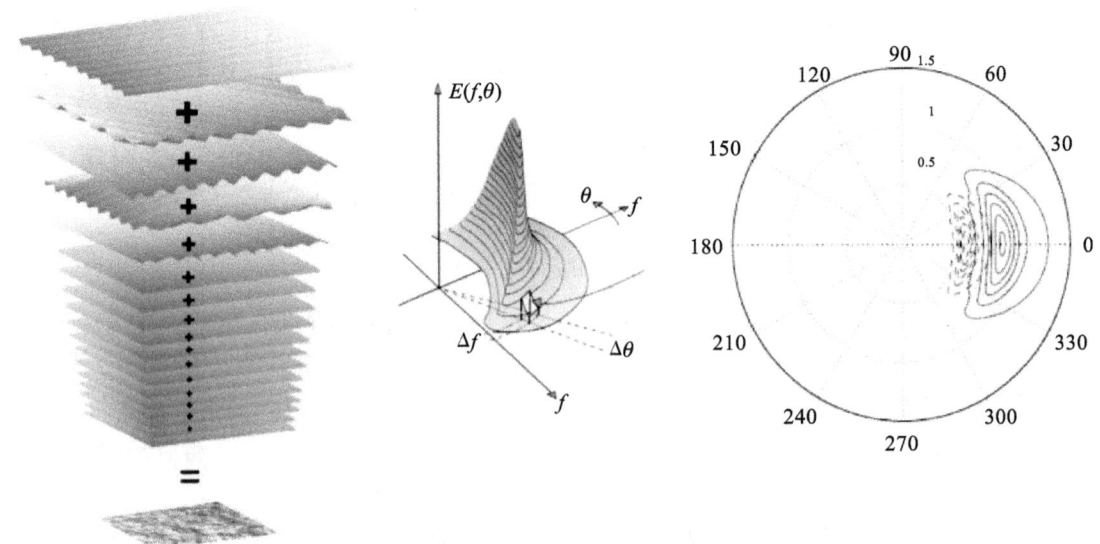

图 2.49　海浪方向谱示意图

海浪谱的具体表达形式不少，它们多是半理论、半经验的，是借助于各种观测方法获得的海面起伏资料，经过谱分析后所得到的一些 $S(f)$ 随 ω 的分布曲线（见图 2.50），然后对这些曲线进行拟合而给出数学表达式。

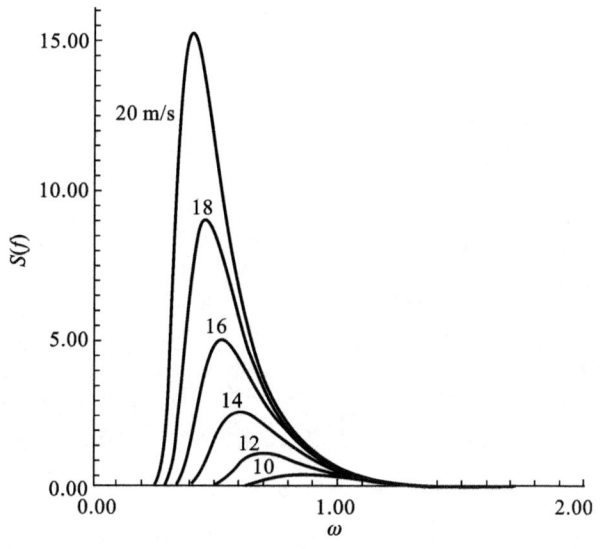

图 2.50　海浪频谱示意图

2.4.6　海浪等级

根据有义波高,将海浪划分为 10 个等级,通常称之为 10 个海况。

海浪最小的 0 级海况,有义波高为 0 m,此时海面水平如镜(见图 2.51)。

图 2.51　0 级海况

1 级海况有义波高小于 0.1 m,此时海面有小的波纹。

2 级海况有义波高在 0.1 m 到 0.5 m 之间,风浪很小,海浪的波峰开始出现破碎现象,但浪花不显白色,也就是还看不到白色的浪花。

3 级海况有义波高在 0.5 m 到 1.25 m 之间,风浪虽然还是很小,但是很触目,这时会看到波峰破裂,其中有些地方形成白色浪花(见图 2.52)。

图 2.52　3 级海况

4 级海况有义波高升高到 1.25～2.5 m,风浪具有明显的形状,到处形成白浪。在我国近海,3 级海况和 4 级海况是最常遇到的。

5 级海况有义波高在 2.5～4.0 m,出现高大的波峰,浪花占了波峰上很大的面积,风开始削去波峰上的浪花。

6 级海况有义波高在 4～6 m,波峰上削去的浪花开始沿海浪斜面伸长呈带状(见图 2.53)。

图 2.53　6 级海况

7 级海况有义波高在 6～9 m,风削去的浪花带布满了海浪斜面,有些地方到达波谷,波峰上布满了浪花。

8 级海况有义波高在 9～14 m,稠密的浪花布满了海浪斜面,海面变成了白色,只在波谷某些地方没有浪花(见图 2.54)。

9 级海况也是最大的海况,有义波高在 14 m 以上,整个海面布满了稠密的浪花,空气中布满了水滴和飞沫,能见度显著降低(见图 2.55)。

图 2.54　8 级海况

图 2.55　9 级海况

2.5　潮　汐

2.5.1　潮汐现象

潮汐现象是指海水在天体(主要是月球和太阳)引潮力作用下所产生的周期性运动,习惯上把海面铅直向涨落称为潮汐,而海水在水平方向的流动称为潮流。

1. 潮汐的基本要素

潮汐的基本要素如下(见图 2.56)。

1)高潮与低潮

海面上升达最高时与海面下降至最低时的潮汐分别称为高潮与低潮。

2)平潮与停潮

涨潮时潮位不断增高,达到一定高度后,潮位短时间内不涨也不退称为平潮;对应低潮类似平潮的情况称为停潮。平潮与停潮持续时间短的有几分钟,长的达一两个小时。

3) 高潮时与低潮时

平潮和停潮的中间时刻分别称为高潮时与低潮时。

4) 涨潮时与落潮时

从低潮时到高潮时的时间间隔称为涨潮时,从高潮时到低潮时的时间间隔称为落潮时。

5) 潮差

海面上涨到最高位置时的高度称为高潮高,下降到最低位置时的高度称为低潮高,相邻的高潮高与低潮高之差为潮差。

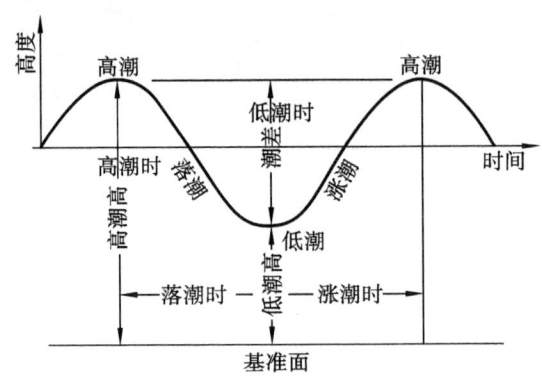

图 2.56　潮汐要素示意图

2. 潮汐的分类

从各地的潮汐观测曲线(见图 2.57)可以看出,无论是涨潮、落潮,还是潮高、潮差都呈现出周期性的变化,根据潮汐涨落的周期和潮差的情况,可以把潮汐大体分为如下四种类型。

1) 正规半日潮

一个太阴日(24 h 50 min)内,有两次高潮两次低潮,潮差几乎相等。

2) 不正规半日潮

一个朔望月内,每个太阴日内一般有两次高潮和两次低潮,少数日子第二次高潮很小,半日潮特征不显著,这类潮汐称为不正规半日潮。

3) 正规日潮

一个朔望月内,每个太阴日(24 h 50 min)内只有一次高潮和一次低潮,称为正规日潮或正规全日潮。

4) 不正规日潮

一个朔望月内大多数日子具有日潮的特征,少数日子具有半日潮特征。

3. 潮汐不等现象

(1) 潮汐日不等。凡是一天之中两个潮的潮差不等,涨潮时和落潮时也不等,这种不规则现象称为潮汐的日不等现象。高潮中比较高的一个叫高高潮,比较低的叫低高潮;低潮中比较低的叫低低潮,比较高的叫高低潮。

(2) 潮汐月不等。从潮汐过程曲线还可看出潮差也是每天不同。在一个朔望月中,"朔"、"望"之后二三天潮差最大,这时的潮差称为大潮潮差;反之在上、下弦之后,潮差最小,这时的潮差称为小潮潮差。

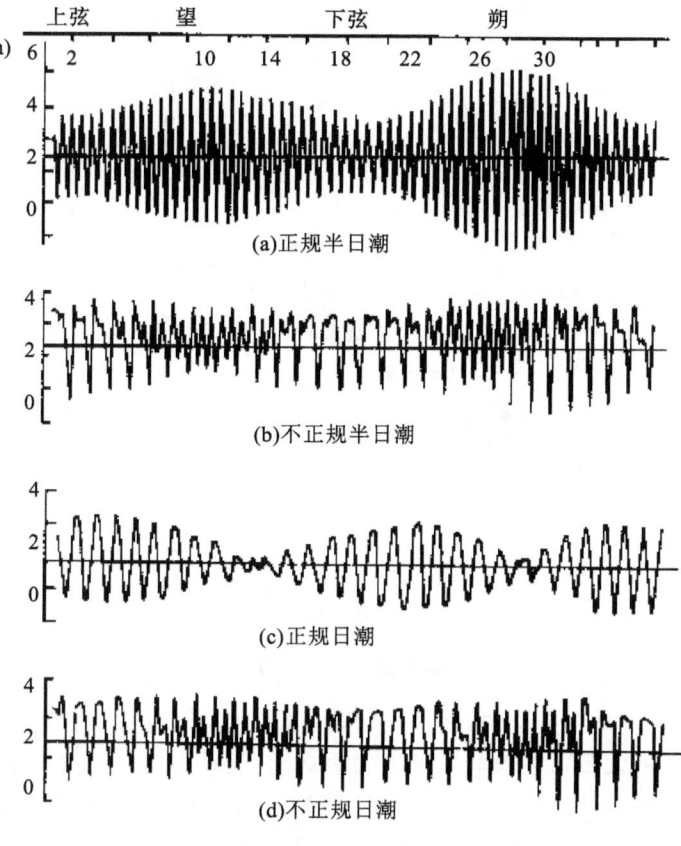

图 2.57　各类型潮汐的月过程曲线

2.5.2　与潮汐现象有关的天文知识

1. 天体相关概念

由于潮汐现象与地球、月球、太阳的相对运动有着非常密切的关系,因此需要了解天体运动、时间单位及一些有关的天文学知识。

我们以地球为中心,以无限长为半径,假想有一个天球存在。在天球的内表面上分布着各种各样的天体,即用天体中心连接天球中心的直线与天球内表面的交点,也是天体在天球上的投影,如图 2.58 所示。

然后,将地轴无限延长所得到的一根假想的轴称为天轴。天轴与天球的交点叫天极,天极分为南北天极,对应地球上的南北极。再将赤道向外无限延伸与天球所交的圆称为天球赤道。之后,观测点(即人所在的位置)与地心连成的直线与天球内表面交于两点,向上与天球的交点称为天顶,而向下延伸与天球的交点,称为天底。若是以地心为圆心,过天极和天顶的大圈称为天子午圈。若是以地心为圆心,过天极和天体的大圈称为天体时圈。若是以地心为圆心,过天顶、天底和天体的大圈则为天体方位圈。天体在自身轨道上运动,当通过天子午圈时叫中天。若是通过天子午圈时靠近天顶,则称为上中天;若是通过天子午圈时靠近天底,则称为下中天。

太阳的周年视运动轨道称为黄道。月球绕着地球公转的视运动轨道称为白道。我们知道

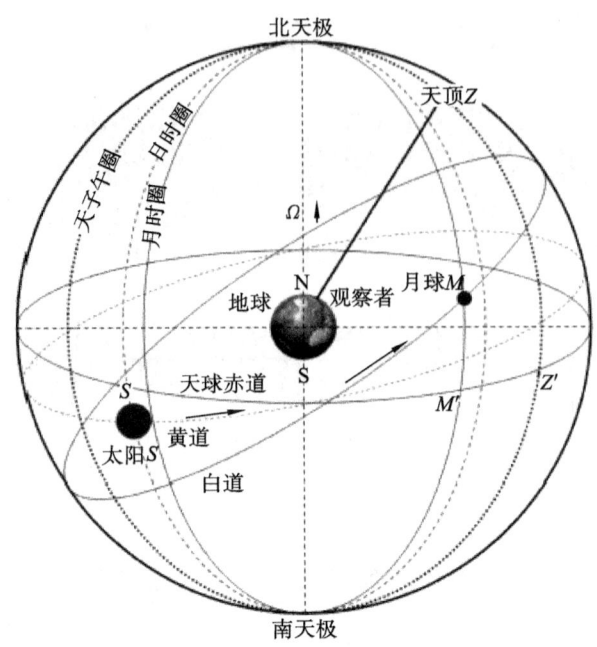

图 2.58　天球示意图

地球绕着太阳转的速度是在变化的,因此,太阳的周年视运动速度也是变化的。由此我们假想有一个假的太阳(即平太阳),在天球赤道上匀速运动,运动速度等于太阳的平均速度。平太阳连续两次经过上中天的时间间隔称为一个平太阳日。开始时平太阳处于上中天的位置,当平太阳在运动时,地球也在发生自转,由此 1 平太阳日实际上和地球的自转周期相等,为 24 平太阳时。

类似的,我们也假想有一个假的月亮(即平太阴),在天球赤道上匀速运动,运动速度等于月球的平均速度。平太阴连续两次经过上中天的时间间隔称为一个平太阴日。同样开始时平太阴处于上中天的位置。当平太阴运动时,地球也在发生自转。当地球自转过 24 小时,平太阴往前转动了约 12.19°。所以,第二次上中天发生地球需要转过 372.19°,这样平太阴日便比平太阳日长,可以算出:

$$1 \text{ 平太阴日} = 24.8412 \text{ 平太阳时(约 24 h 50 min)}$$

由于在潮汐现象中,月亮的影响比太阳要大,占主要地位,因此潮汐的周期以太阴日来衡量。

从天赤道沿着天体的时圈至天体所张的角度称为该天体的赤纬,常用 δ 表示。以天球赤道为赤纬 0°,向北为正,向南为负,分别从 0°到 90°。

在天体方位圈上,天体与天顶之间所张的角度称为天顶距,常用 θ 表示。

2. 时间单位

1) 平太阳日与平太阳时

平太阳日是连续两次经过上中天的时间间隔;1 平太阳日 = 24 平太阳时,平太阳时 = 1/24 平太阳日。

2) 平太阴日与平太阴时

平太阴日与平太阴时:平太阴连续两次经过上中天的时间间隔(见图 2.59);1 平太阴日 = 24.8412 平太阳时(约 24 h 50 min),平太阴时 = 1/24 平太阴日。

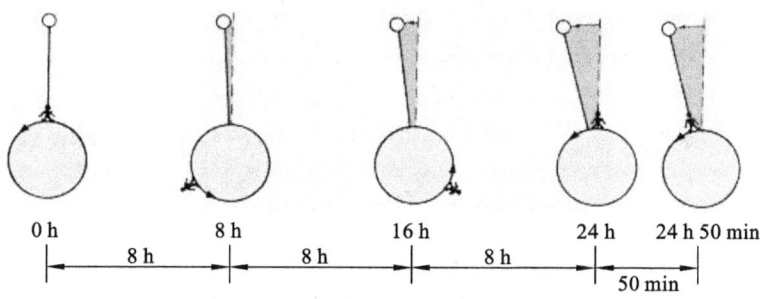

图 2.59　平太阴日和平太阴时示意图

3）平太阳年

从春分点出发回到春分点的时间间隔,称为平太阳年。

4）回归月

从赤白交点出发再回到赤白交点所用的时间,称为回归月。回归月长度为 27.32 平太阳日。

5）朔望月

月球从新月(或满月)位置出发再回到新月(或满月)位置的时间间隔叫做朔望月或盈亏月(见图 2.60);朔望月是月相变化的周期,它的长度是 29.5306 平太日。

图 2.60　朔望月

当月球运行到太阳与地球之间时,通宵达旦都看不到月亮,这天的月相称为新月或朔月。随着月球的运动,月球在天球赤道上的投影逐日偏离地日连线,使得朝向地球的半个面中被太阳照亮的部分越来越大,月相成为越来越大的镰刀形,当月球与太阳在天球赤道上的投影构成了直角,朝地球的月面中有被太阳照亮的部分,傍晚开始至午夜可以看到,这天的月相称为上弦月。此后月球明亮的部分越来越大,当月球运行到太阳对面,此时地球处于月日中间时,朝向地球的半个月面全部被太阳照射,这时的月相称为满月或者望月,通宵达旦都可以看到圆月。之后是下弦月,下弦月之后又是新月。

2.5.3 引潮力

潮汐现象与天体运动密切相关,无论是月球还是太阳抑或是其他的天体,对于潮汐的作用机理都是相同的,所以我们首先来分析月球的引潮作用。

月球引潮力的定义是:地球上单位质量物体受月球引力和地球绕公共质心运动产生的惯性离心力的合力。

首先来看地球上单位质量物体所受月球引力。在地球上不同位置的物体其方向不同,彼此也不平行,但是都指向月球中心,其公式为

$$f_g = \frac{KM}{X^2} \tag{2.16}$$

式中:K 为万有引力常数;M 为月球质量;X 为所考虑海水微团到月球中心的距离。月球引力的大小随着质点所在位置的不同而变化。

再来看地球绕公共质心运动产生的惯性离心力。地月之间存在一个公共质量中心,该质心位于地球内部距离地球中心为 0.73 倍半径处。地球和月球绕它们的公共质心公转平动,根据物理知识,我们知道平动的物体上,任意两点的连线始终是平行的,并且平动的物体上每一点都具有相同的速度和加速度。因此,使得地球(表面或内部)各质点都受到大小相等、方向相同的公转惯性离心力的作用。此公转惯性离心力的大小等于地心处受到的月球引力,方向与地心受月球引力方向相反,其公式为

$$f_i = \frac{KM}{D^2} \tag{2.17}$$

式中:K 为万有引力常数;M 为月球的质量;D 为月地中心距离。

月球引潮力是地球绕地月公共质心公转所产生的公转惯性离心力与月球引力的合力。地球上各点的引潮力如图 2.61 中的虚线箭头所示,可见地球表面各点所受的引潮力的大小、方向都不同,例如 2、4 两点的引潮力方向背离地心,而 1、3 两点的引潮力方向则指向地心。

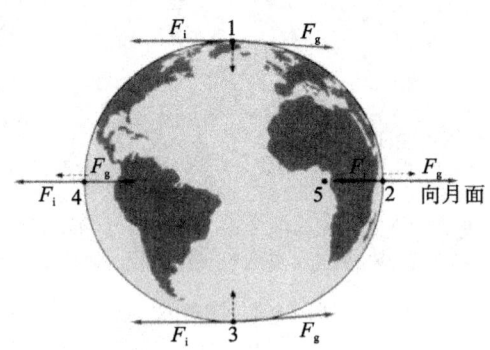

图 2.61 地球所受引潮力

把地球绕地月公共质心公转所产生的公转惯性离心力与月球引力相加,经过化简及多项式展开,略去高阶小量,最后得到垂直引潮力和水平引潮力的表达式:

$$F_v = g \frac{r^3}{D^3} \frac{M}{E} (3\cos^2\theta - 1) \times 10^{-7} g \qquad (2.18)$$

$$F_h = -\frac{3}{2} g \frac{r^3}{D^3} \frac{M}{E} 2\sin2\theta \times 10^{-7} g \qquad (2.19)$$

式中：g 为重力加速度；r 为地球半径；M 为月球质量；D 为月球到地球中心距离，E 为地球质量；θ 为月球天顶距，即天顶与天体（这里指月球）在天球上所张的角度。垂直引潮力其方向与地表相垂直；水平引潮力其方向与地表相切。

类似地，可知太阳引潮力的表达式：

$$F'_v = g \frac{r^3}{D'^3} \frac{S}{E} (3\cos^2\theta' - 1) \qquad (2.20)$$

$$F'_h = -\frac{3}{2} g \frac{r^3}{D'^3} \frac{S}{E} 2\cos2\theta' \qquad (2.21)$$

式中：S 为太阳质量；D' 为日地距离；θ' 为太阳天顶距。

由此，可得以下六点结论：

①引潮力的量值与天体的质量成正比，与天体到地球中心距离的三次方成反比；

②垂直引潮力和水平引潮力的量级是重力的千万分之一。

③月球引潮力是太阳引潮力的 2.17 倍。

④月球与离地球最近的金星相比，引潮力大了近 2 万倍。

⑤当地、月、日三者在一条连线上时，引潮力为两者之代数和，引潮力最大，而当三者的连线成垂直状态时，相互抵消，引潮力最小。

⑥在地球上，向月的半球上水平引潮力大体上朝向月球方向，背月的半球上大体上背向月球方向。

因此，海洋潮汐现象主要是由月球引潮力产生的，其次是太阳引潮力，其他天体的作用可以忽略。

2.5.4　平衡潮理论

天体引潮力是怎样引起潮汐现象的呢？1687 年，英国科学家牛顿就用平衡潮理论对潮汐现象的发生进行了解释。

首先，牛顿做出了三点假定：

①地球为一个圆球，其表面完全被等深的海水所覆盖，不考虑陆地的存在；

②海水没有黏性，也没有惯性，海面能随时与等势面重叠；

③海水不受地转偏向力和摩擦力的作用。

从地心移动单位质量物体到某一点，克服重力和引潮力所做的功，称为这一点的位势，位势相等的点连成的面称为等势面。第二点假定中提到的等势面，指地球上的重力位势和引潮力势之和相等的点连成的面。若是只考虑重力的作用，等势面是一个圆球形状（见图 2.62）。加上月球引潮力后，由于在地月连线上的引潮力方向与重力相反，在垂直于地月连线上的引潮力方向与重力相同，因此，等势面将变成一个椭球面（见图 2.63），这个椭球的长轴指向月球。

在这三点假设下，海面在重力和月球引潮力的共同作用下，将达到新的平衡位置，海面由原来的圆球形变成了椭球形，称为潮汐椭球，并且它的长轴恒指向月球。

由于地球自转，地球表面相对椭球形海面运动，使固定点发生周期性的涨落而形成潮汐，

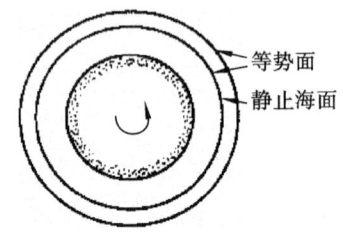

图 2.62　不考虑引潮力的等势面

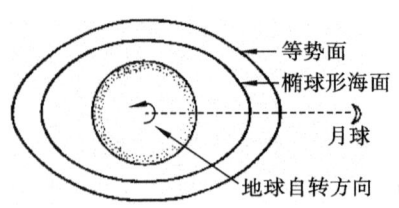

图 2.63　考虑引潮力后的等势面

这是平衡潮汐理论的基本思想。

根据平衡潮理论，当月球赤纬 δ 为零时，潮汐椭球如图 2.64 所示，由于地球的自转，地球上各点的海面高度在一个太阴日内，将两次升到最高和两次降到最低。两次最高的高度和两次最低的高度分别相等，并且从最高值到最低值以及从最低值到最高值的时间间隔也相等，形成正规半日潮。

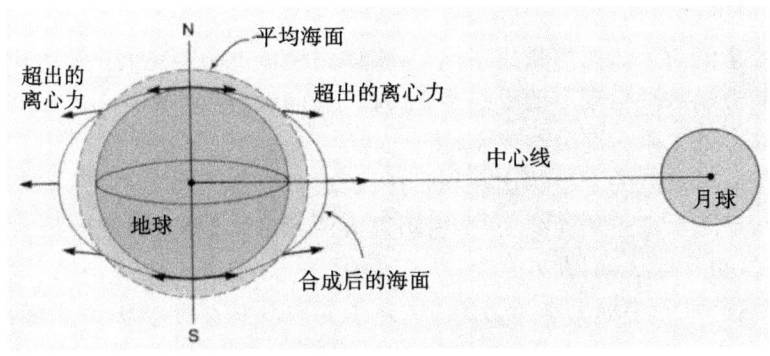

图 2.64　月球赤纬为零时潮汐椭球

当月球赤纬 δ 不为零时，如图 2.65 所示，除赤道仍为正规半日潮外，其他一些地区的海面虽然在一个太阴日内可以出现两次高潮和两次低潮，但两次高潮的高度不相等，两次涨潮时也不等，形成日不等现象；而在高纬度地区（纬度大于 $90-\delta$）则出现正规全日潮现象，即在一个太阴日内只有一次高潮、一次低潮。

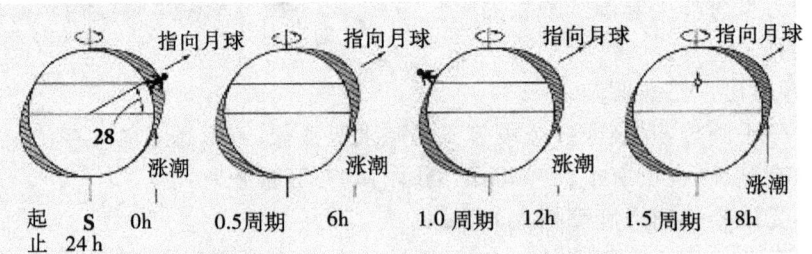

图 2.65　月球赤纬 δ 不为零时潮汐椭球

基于平衡潮理论对潮汐现象的解释，可以得到以下基本结论：

①赤道永远出现正规半日潮。

②当月球赤纬不为 0 时，两极高纬度地区（纬度　）出现正规日潮。

③当月球赤纬不为 0 时，其他纬度出现日不等现象，越靠近赤道，半日潮的成分越大，反之，越靠近南、北极，日潮的成分越显著。

④同时考虑月球和太阳对潮汐的效应，在朔望之时，月球和太阳的引潮力所引起的潮汐椭

球,其长轴方向靠近,两潮叠加形成朔望大潮;上、下弦之时,月球和太阳所引起的潮汐椭球,其长轴相互垂直,两潮抵消形成方照小潮。

⑤平衡潮的最大潮差结果:太阴平衡潮最大潮差为 54 cm,太阳平衡潮最大潮差为 24 cm,叠加后平衡潮最大可能潮差为 78 cm。

根据平衡潮理论,潮汐将会出现很多不等现象:

①日不等现象。月球赤纬不为零,除高纬,地球上各点潮汐都为半日潮与全日潮叠加,出现日不等现象。月球赤纬增大,日不等现象显著,月球赤纬最大时,半日周期部分最小,日周期部分最大,这就是回归潮。月球赤纬为零,日周期部分为零,地球上各点潮汐都为正规半日潮,称为分点潮。

②半月不等现象。如果把太阳平衡潮考虑在内,当太阴、太阳时角差为 0°或 180°时,潮差最大,是朔望大潮;当太阴、太阳时角差为 90°或 270°时,则潮差最小,是两弦小潮。所以出现半月周期的变化,即半月不等现象。

③月不等现象。潮高与月地距离的三次方成反比,因此月球近地点时潮差较大,远地点时潮差较小,这就出现潮汐的月周期变化。

④年不等现象。由于地球近日点有一年的变化周期,就产生了潮汐的年不等现象;

⑤多年不等现象。月球赤纬有 18.61 年变化周期,月球近地点有 8.85 年的变化周期,所以就产生了潮汐多年不等现象。

最后,看看对平衡潮理论的评价:

首先,平衡潮理论具有实用价值,所以迄今为止沿用不衰,其主要表现在以下几点:

①建立在客观存在的引潮力之上;

②揭示的潮汐变化周期与实际基本相符;

③由潮高公式计算出来的最大可能潮差 78 cm 与实际大洋的潮差 90～100 cm 比较相近;

④同时考虑月球和太阳对潮汐的效应,可解释潮汐的月不等现象。

但是,平衡潮理论还存在一些缺点,其主要的缺点在于:

①假定整个地球完全被海水包围,与实际情况相差较大。

②完全没有考虑到海水的运动,而且假设海水没有惯性也与实际不符合。事实上,当月球赤纬改变时,海水必将产生运动;另外海水要集中也需要一定的时间,所以平衡潮理论认为每当月球在某处上中天或下中天时,该处变化发生高潮,与实际情况有所差异。

③浅海、近岸地区潮差与理论值相差较大。在浅海处,潮差可达几米,甚至十几米。

④无法解释潮流这一重要现象。由于平衡潮理论完全没有涉及海水的运动,因此它也无法解释潮流现象。

⑤解释不了无潮点现象。在半封闭的海湾常常出现没有潮汐涨落的无潮点,等潮时线绕无潮点顺时针或逆时针转,两岸的潮差不相等。

⑥赤道永远不会出现日潮现象与实际不符。实际上,许多赤道和低纬度地区,均有日潮出现。

⑦实际大潮发生在朔望月之后两天左右。平衡潮理论认为朔望时月日引潮力的方向一致,应该发生大潮,实际上大潮的时间要落后一两天,这滞后的天数称为潮龄。

2.5.5　潮汐动力理论

不同于牛顿的平衡潮理论,潮汐动力理论认为,海洋潮汐实际上是海水在月球和太阳水平引潮力作用下的一种波动运动,即水平方向的周期运动和海面起伏的传播,海洋潮波在传播过程中,除了受引潮力作用之外,还受到海陆分布、海底地形(如水深)、地转偏向力(即科氏力)以及摩擦力等因素的影响。以下主要从潮汐动力理论的基本观点出发,解释海洋潮波在几种简单特殊海区中的传播情况。

1. 长海峡中的潮流和潮汐

潮流:高潮时,潮流方向与潮波方向相同;低潮时,潮波方向与传播方向相反;波节时,潮流为零。

潮汐:在北半球,沿潮波传播方向看,由于科氏力的作用,右岸的潮差大于左岸。

2. 窄长半封闭海湾中的潮汐和潮流

当一个前进波自外海传入海湾(称为入射波)时,由于湾顶岸壁的全反射就产生了一个反射波,这两个波叠加形成驻波,这就构成半封闭海湾的潮波,即实际潮波为一波形不传播的驻波。

3. 半封闭宽海湾中的潮汐和潮流(旋转潮波)

一个北半球长度和宽度都等于潮波波长一半的半封闭海湾;在科氏力作用下,高潮时,潮波右侧高,左侧低;低潮时,左侧高,右侧低。潮流方向如图 2.66 所示,形成旋转形态。

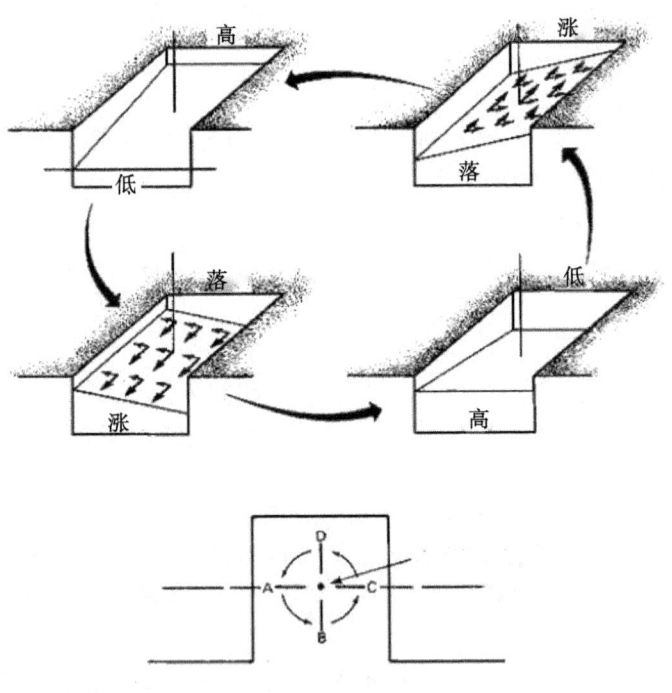

图 2.66 半封闭宽海湾中的潮汐和潮流

2.5.6 潮汐计算

在前面的内容中我们了解了海洋中的潮汐现象。由于潮汐的存在,海水的实际水深应该是海图的水深加上当时的潮高。为了保证航海安全,掌握有利战机及顺利地进行各种海上作业,就必须知道指定时间、指定海区的实际水深,或知道需要的水深在何时出现,这就需要用到潮汐的计算。

计算潮汐需要用到潮汐表和《中国沿海潮汐推算手册》(以下简称《手册》)。前者刊载了我国沿海及部分国外港口的潮时和潮高,也就是说我们想要知道的大部分主港的潮时和潮高都可以在潮汐表中查到,有些港口还刊登载了每日整点小时的潮高,《手册》是用来计算附港的潮时和潮高的。潮汐表是海军活动、舰船航行、港口工程建设和进行海岸防御工程的重要资料。

1. 求主港高、低潮的潮时和潮高

求主港每日高低潮的潮时和潮高,可以根据主港名称和日期,直接从潮汐表中查到。

例 1 求大连港 2009 年 9 月 20 日的潮汐。

解 从表 2.2 中查得潮时和潮高为

	低潮	高潮	低潮	高潮
主港大连港潮时(时分)	0506	1049	1726	2319
主港大连港潮高(厘米)	42	323	42	330

以上即为大连港 2009 年 9 月 20 日的潮时和潮高,潮时如 0506 即上午 05 时 06 分,2319 即午夜 23 时 19 分;潮高单位是厘米。需要指出的是如果潮汐表中当日潮汐有空项表示缺潮,这种情况多见于日潮港及混合潮港,半日潮港也有,如大连港 2009 年 10 月 28 日。

表 2.2　2009 年潮汐表(部分)

大连港(北纬 38°56′　东经 121°40′)									
9 月		Sept.		10 月		Oct.		11 月	
潮时 time	潮高 cm	潮时 time	潮高 cm	潮时 time	潮高 cm	潮时 time	潮高 cm	潮时 time	潮高 cm
……	……	……	……	……	……	……	……	……	……
……	……	……	……	……	……	……	……	……	……
4　0410	71	20　0506	42	4　0427	72	20　0530	44	4　0512	61
1024	326	1049	323	1019	304	1100	270	1042	249
1651	89	1726	42	1641	68	1726	28	1700	35
2240	292	2319	330	2241	316	2330	336	2308	335
5　0445	72	21　0547	47	5　0501	71	21　0619	58	5　0550	67
1050	330	1130	309	1045	296	1138	262	1118	250
1715	89	1800	37	1709	60	1800	36	1737	33
2308	306	2359	333	2306	320			2347	341
……	……	……	……	……	……	……	……	……	……
……	……	……	……	……	……	……	……	……	……

2. 求附港高、低潮的潮时和潮高

1)求附港潮时

附港与其主港的高、低潮时之间,都有固定的时间差,称为潮时差。即

$$附港高（低）潮时＝主港高（低）潮时＋潮时差$$

根据所求附港名称，从《手册》中查出其主港及潮时差。潮时差为"＋"表示比主港晚，为"一"表示比主港早。按所求日期在潮汐表中查出主港高、低潮时。如果在计算过程中有缺潮，应从潮时差上分析原因，看能否补齐。当潮时差为"一"时，从后一天查找；当潮时差为"＋"时，从前一天查找。

例 2　求鱼腥脑[263]2009 年 10 月 7 日高、低潮的潮时。

解　从表 2.3 中查得定海港 10 月 7 日高低潮的潮时，从表 2.4 查得鱼腥脑的潮时差，按下列格式计算：

	高潮	低潮	高潮	低潮	高潮
主港定海港潮时	2230(6 日)	0601	1142	1835	2300
＋） 潮时差	＋0136	＋0125	＋0136	＋0125	＋0136
附港鱼腥脑潮时	0006(7 日)	0726	1318	2000	0036(8 日)

上式中我们可以看到，由于主港定海港 7 日最后一次潮时为午夜 23 时，加上潮时差 1 小时 36 分则变成了 8 日凌晨 00 时 36 分，这样看来附港鱼腥脑好像在 7 日少了一次高潮，但是我们发现主港定海港 6 日的最后一次高潮发生在晚间 22 时 30 分加上潮时差 1 小时 36 分则变成了 7 日凌晨 00 时 06 分，正好补上了 7 日缺少的这次高潮。所以在潮汐计算时一定要注意补潮，经过这次补潮附港鱼腥脑 7 日仍然是 4 次潮。

表 2.3　2009 年潮汐表（定海港，节选）

定海港（北纬 30°01′　东经 122°06′）									
10 月		Oct.		11 月		Nov.		12 月	
潮时 time	潮高 cm	潮时 time	潮高 cm	潮时 time	潮高 cm	潮时 time	潮高 cm	潮时 time	潮高 cm
……	……	……	……	……	……	……	……	……	……
……	……	……	……	……	……	……	……	……	……
6　0530	85	22　0617	100	6　0616	73	22　0001	293	6　0656	56
1057	385	1255	377	1247	386	0659	110	1325	378
1800	120	1909	170	1910	161	1349	351	1954	140
2230	357	2333	315	2330	314	2010	174		
7　0601	77	23　0645	111	7　0654	86	23　0045	274	7　0021	303
1142	378	1335	360	1332	376	0736	123	0741	72
1835	133	1949	182	200	174	1431	335	1411	361
2300	343					2100	174	2045	140
……	……	……	……	……	……	……	……	……	……
……	……	……	……	……	……	……	……	……	……

表 2.4　《手册》差比数及潮信表

编号	站名	主港	差比数			平均高潮间隙/时分	平均低潮间隙/时分	平均大潮升/cm	平均小潮升/cm	平均海面/cm	潮汐性质比值
			高潮时差/时分	低潮时差/时分	潮差比						
263	鱼腥脑	定海	+0136	+0125	1.17	1138	0542	390	312	239	0.47

2）求附港潮高

从前面的内容中我们知道相邻的高潮高和低潮高之差叫做潮差。那么在主港和附港的平均海面趋于一致的条件下，主、附港的潮差间有个固定的比值，叫潮差比。

如图 2.67 所示设主、附港的潮高分别为 H、h，潮差分别为 P、P'，平均海面分别为 A、B，平均海面季节改正数分别为 ΔA、ΔB，潮差比为 K，并规定主、附港半潮差分别为 $P/2$、$P'/2$，在平均海面以上为正，以下为负，$K = P'/P$。

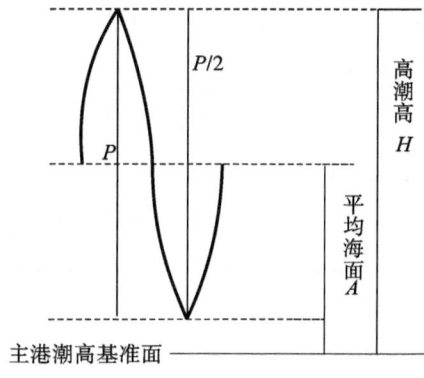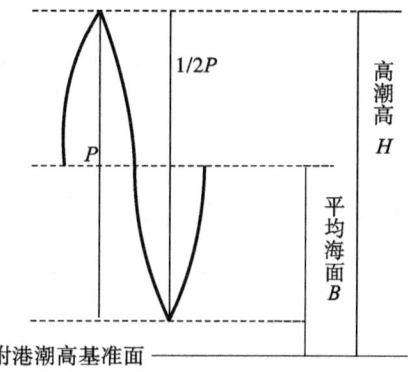

图 2.67

$$h = \frac{1}{2}P' + (B + \Delta B)$$

$$= \frac{1}{2}PK + (B + \Delta B)$$

$$= [H - (A + \Delta A)]K + (B + \Delta B)$$

根据所求附港的地名，可从《手册》中查出其主港以及潮差比、平均海面；并根据附港前编号及所求月份查出平均海面季节改正数，对平均海面进行修正，而主港的高、低潮潮高可以根据日期从潮汐表中查出，并根据主港前编号及所求月份查出平均海面季节改正数，代入公式就可求得附港潮高。

例 3　求鱼腥脑［263］2009 年 10 月 7 日高、低潮的潮高。

解　查《手册》得鱼腥脑的主港是定海港，潮差比 $K = 1.17$，平均海面 $B = 239$ cm，其编号为 263，如表 2.4 所示，在《手册》中编号位于站名之前，根据编号所在区间，查得在 10 月份的平均海面季节改正数 $\Delta B = 16$ cm（见表 2.5），$B + \Delta B = 255$ cm，查得主港定海平均海面 $A = 226$ cm，其编号为 275，根据编号所在区间查得 10 月份的平均海面季节改正数 $\Delta A = 16$ cm，$A + \Delta A = 242$ cm。

从表 2.3 中查得定海港 10 月 7 日的潮时和潮高，并经过补潮后，按下列格式计算附港

潮高

	高潮	低潮	高潮	低潮
主港定海港潮高 H	357	77	378	133
一)定海平均海面($A+\Delta A$)	242	242	242	242
定海半潮差($P/2$)	115	−165	136	−109
×)潮差比 K	1.17	1.17	1.17	1.17
鱼腥脑半潮差($P'/2$)	135	−193	159	−128
＋)鱼腥脑平均海面($B+\Delta B$)	255	255	255	255
附港鱼腥脑潮高 h	390	62	414	127

鱼腥脑 2009 年 10 月 7 日的潮汐是：

	高潮	低潮	高潮	低潮
潮时(时分)	0006	0726	1318	2000
潮高(厘米)	390	62	414	127

表 2.5　平均海面季节改正数(部分)

月份 区间	1	2	3	4	5	6	7	8	9	10	11	12
西码头港-彰化湾山 (249-328)	−13	−15	−14	−11	−3	5	3	9	22	16	6	−7

2.5.7　风暴潮、海啸

1. 风暴潮

风暴潮是一种灾害性的自然现象。由于剧烈的大气扰动,如强风和气压骤变(通常指台风和温带气旋等灾害性天气系统)导致海水异常升降,使受其影响的海区的潮位大大地超过平常潮位的现象,称为风暴潮。又可称"风暴增水""风暴海啸""气象海啸"或"风潮"。

1) 风暴潮的危害

与风暴潮相伴的狂风巨浪,可引起水位暴涨,堤岸决口,船舶倾覆,农田受淹,房屋被毁。在我国发生的各类海洋灾害中,造成直接经济损失最严重的是风暴潮灾害。2013 年热带气旋"海燕"引发的风暴潮给菲律宾中部造成毁灭性破坏,官方确认超过 6100 人死亡。

2) 风暴潮成灾因素

风暴潮能否成灾,在很大程度上取决于其最大风暴潮位是否与天文潮高潮相叠,尤其是与天文大潮期的高潮相叠。如果最大风暴潮位恰与天文大潮的高潮相叠,则会导致发生特大潮灾。当然,如果风暴潮位非常高,虽然未遇天文大潮或高潮,也会造成严重潮灾。另外,风暴潮灾害的严重程度,还取决于受灾地区的地理位置、海岸形状和海底地形、社会及经济情况等。一般来说,地理位置面对海上大风袭击、海岸形状呈喇叭口、海底地形较平缓、人口密度较大、经济发达的地区,风暴潮灾害较为严重。

3）风暴潮预警级别

风暴潮预警级别分为Ⅰ、Ⅱ、Ⅲ、Ⅳ四级,颜色依次为红色、橙色、黄色和蓝色。

（1）风暴潮Ⅰ级紧急警报（红色）。

受热带气旋（包括台风、强热带风暴、热带风暴、热带低压,下同）影响,或受温带天气系统影响,预计未来沿岸受影响区域内有一个或一个以上有代表性的验潮站将出现达到或超过当地警戒潮位 80 cm 以上的高潮位时,至少提前 6 h 发布风暴潮紧急警报。

（2）风暴潮Ⅱ级紧急警报（橙色）。

受热带气旋影响,或受温带天气系统影响,预计未来沿岸受影响区域内有一个或一个以上有代表性的验潮站将出现达到或超过当地警戒潮位 30 cm 以上 80 cm 以下的高潮位时,至少提前 6 h 发布风暴潮Ⅱ级紧急警报。

（3）风暴潮Ⅲ级警报（黄色）。

受热带气旋影响,或受温带天气系统影响,预计未来沿岸受影响区域内有一个或一个以上有代表性的验潮站将出现达到或超过当地警戒潮位 30 cm 以内的高潮位时,前者至少提前 12 h 发布风暴潮警报,后者至少提前 6 h 发布风暴潮警报。

（4）风暴潮Ⅳ级预报（蓝色）。

受热带气旋或受温带天气系统影响,预计在预报时效内,沿岸受影响区域内有一个或一个以上有代表性的验潮站将出现低于当地警戒潮位 30 cm 的高潮位时,发布风暴潮预报。

4）风暴潮的种类

风暴潮根据风暴的性质,通常分为由台风引起的台风风暴潮和由温带气旋引起的温带风暴潮两大类。

（1）台风风暴潮多见于夏秋季节。其特点是：来势猛、速度快、强度大、破坏力强。凡是有台风影响的海洋国家、沿海地区均有台风风暴潮发生。

（2）温带风暴潮多发生于春秋季节,夏季也时有发生。其特点是：增水过程比较平缓,增水高度低于台风风暴潮。主要发生在中纬度沿海地区,以欧洲北海沿岸、美国东海岸以及我国北方海区沿岸为多。

5）台风风暴潮的特征

当台风来临时,依据离台风中心的远近,沿海验潮站记录的水位变化表现出不同的特征,台风风暴潮全过程可以划分为 3 个阶段：初振阶段、激振阶段和余振阶段。

在初振阶段,远离台风中心的验潮站开始记录到来自台风扰动区域的长周期波的增水,一般只有 20～50 cm,台风强度越强、尺度越大、移动速度越慢,则岸边出现的增水持续时间越长。

当台风中心进一步移近海岸线时,水位由初振阶段进入激振阶段,风暴潮位急剧升高,并在登陆前后几小时内达到过程增水的最大值。激振阶段持续时间一般为 6 h 以内。

当台风登陆后或远离验潮站之后,风暴潮位处于余振阶段,水位逐渐向正常状态恢复,余振阶段的持续时间一般为 1 天左右,长的有 2～3 天。

2. 海啸

海啸是由于海底地震、火山爆发或巨大岩体塌陷和滑坡等导致的海水长周期波动现象。海啸能造成近海面大幅度涨落。

海啸是如何产生的呢？海啸通常由震源在海底下 50 km 以内、里氏震级 6.5 以上的海底地震引起。水下或沿岸山崩或火山爆发也可能引起海啸。水下地震、火山爆发或水下塌陷和滑坡等原因激起的巨浪,在涌向海湾内和海港时所形成的破坏性的大浪就是海啸。地震发生时,海底地层发生断裂,部分地层出现猛然上升或者下沉,由此造成从海底到海面的整个水层发生剧烈"抖动"。这种"抖动"与平常所见到的海浪大不一样。海浪一般只在海面附近起伏,涉及的深度不大,波动的振幅随水深衰减很快。地震引起的海水"抖动"则是从海底到海面整个水体的波动,其中所含的能量惊人,可以传播几千千米而能量损失很小。

海啸发生时,海底扰动使海底有急剧的形变,海面上显示出形状相似的形变,不久就形成一个孤立波呈环状向周围扩散,这种波的波长大致等于初期海底扰动区的长度,因此,海啸波的波长约几百千米,这是它的第一个特征。由于海啸波的振幅远小于其波长,因此可以将海啸波近似成小振幅波动。根据海洋波动理论,水深与波长之比小于1:20的波动称为浅水波,它的传播速度等于重力加速度与水深乘积的开根方。显然海啸是满足浅水波的上述条件的,因此,海啸的另一个特征就是速度快,地震发生的地方海水越深,海啸速度越快。如果发生地震的地方水深为5000 m,海啸和喷气机速度差不多,每小时可达800 km。1960年智利西南面海底地震引发的海啸传到距离震源10560 km的夏威夷群岛只用了14小时56分钟,平均时速707 km。当海啸传至近岸时,由于水深变浅,传播速度减慢。这样由于前浪减速,后浪推过来就会发生重叠,振幅增加从而使海面迅速升高,高度可达十多米至几十米不等,形成"水墙"。由于以上原因,如果海啸到达岸边,"水墙"就会冲上陆地,对人类生命和财产造成严重威胁。

海啸给人类带来的灾难是十分巨大的。剧烈震动后,巨浪呼啸,以摧枯拉朽之势,越过海岸线,越过田野,迅猛地袭击着岸边的城市和村庄。港口所有设施,被震塌的建筑物,在狂涛的洗劫下,被席卷一空。2004年12月26日印尼9级海底地震带来的海啸袭击了附近很多国家和地区,造成数十万人丧生。2011年3月11日,日本东北部宫城县的9级强烈地震引发的海啸同样造成了巨大的人员伤亡和经济损失,还导致福岛核电站发生核泄漏事故。

思 考 题

1. 海水是什么混合溶液?
2. 盐度的定义有几种?
3. 海水组成恒定性是什么?
4. 电导盐度中电导比 R_{15} 的定义及其定义表达式是怎样的?
5. 海水最大密度温度和冰点温度随盐度变化的关系是怎样的?
6. 海水结冰的机理是什么?
7. 斯特藩-玻尔兹曼定律是什么?
8. 海面有效回辐射的定义是什么?
9. 影响蒸发速度的因素有哪些?
10. 降水(P)、蒸发(E)和陆地径流(R)三个因子是决定大洋水量平衡的基本因子,写出它们的关系。
11. 水平衡对盐度的影响如何?
12. 风海流形成的原因是什么?
13. 艾克曼无限深海漂流的哪一层流速最大,流向偏向风向的左还是右,偏多少度?
14. 对于北半球的气旋与反气旋,风海流分别产生什么副效应?
15. 在赤道附近海域,由于信风跨越赤道,所以在赤道两侧所引起的海水体积运输方向相反而离开赤道,从而引起赤道表层海水的什么现象? 形成什么流?

16. 波浪的要素有哪些?

17. 波浪的划分形式有哪些?

18. 怎样界定深水波和浅水波?

19. 风浪的成长有哪几种状态? 它们与风时(最小风时)、风区(最小风区)的关系如何?

20. 当地风产生,且一直处在风的作用之下的海面波动状态为风浪还是涌浪?

21. 海面上由其他海区传来的或当地风力减小、平息,或风向改变后海面上遗留下的波动为风浪还是涌浪?

22. 风时和风区,最小风时和最小风区的定义是什么?

23. 什么是波浪的定常状态?

24. 潮汐和潮流的定义是什么?

25. 根据潮汐的周期变化,潮汐包括哪四种类型?

26. 什么是时角?

27. 什么是天顶距?

28. 天体引潮力的定义是什么?

29. 简述平衡潮理论的基本思想。

30. 根据平衡潮理论,赤道永远出现哪种类型的潮汐?

31. 根据平衡潮理论,解释为什么在朔望之时形成大潮,两弦(上弦、下弦)之时形成小潮。

第3章 海洋气象环境

3.1 基本气象知识

3.1.1 大气的成分

地球大气由多种气体组成,并掺有一些悬浮的固体和液体微粒。大气层距地面 85 km 以内的各种气体成分一般可分为两类:一类为定常成分,这些气体主要是氮、氧、氩和一些微量惰性气体如氖、氦、氙及氪等;另一类为可变成分,这些气体在大气中的比例随时间、地点而变,包括水汽、二氧化碳、臭氧和一些碳、硫、氮的化合物。

通常把除水汽以外的纯净大气称为干洁大气,简称干空气。其中氮、氧、氩三种气体就占了空气体积的 99.66%。氧气占地球大气质量的 23%,在高空则还有臭氧及原子氧。臭氧主要分布在 10～40 km 高度处,近地面含量很少,极大值在 20～25 km 附近。具有强烈吸收太阳紫外线(波长为 0.2～0.3 μm)辐射的能力。

大气中二氧化碳只占整个大气体积的 0.03%,多集中在 20 km 以下。二氧化碳能强烈地吸收地球表面发出的长波辐射并放出长波辐射。这种"温室效应"在二氧化碳浓度不断增加时,可能会改变大气热平衡,导致大气底层和地面的平均温度上升,将引起严重的气候问题。

含有水汽的空气称为湿空气。大气中水汽质量仅占地球总水量的 0.001%。大气中水汽的主要来源是水面特别是海洋表面的蒸发。

3.1.2 大气垂直分层

地球大气在不同高度有不同的特征,通常用大气的温度结构分层(见图 3.1),根据铅直温度梯度的方向划分成对流层、平流层、中间层、热层和散逸层,由称为"顶"的隔层分开。

1. 对流层

对流层的高度为从地面到对流层顶。温度平均递减率为 2 K/km 的最低高度,规定为对流层顶层,其高度随季节和纬度而变化。低纬为 15～20 km,极地和温带为 8～12 km。对流层的特点:温度随高度增加而降低,大气的竖直混合强,气象要素水平分布不均匀。温度平均递减率 6.5 K/km,最低温度为 -50～-70 ℃。集中了大气质量的 3/4 和几乎全部水汽。主要天气现象和过程(如寒潮、台风、雷雨、闪电等)都发生在这一层。

2. 平流层

对流层顶层向上到 50 km 左右的气层为平流层。平流层的特点:底层温度随高度无明显变化,上层温度随高度增加明显增高。上界温度达 0 ℃,最高温可达 7 ℃,这是臭氧强烈吸收太阳辐射的结果。

3. 中间层

平流层顶到 80～85 km 的气层为中间层。其主要特点：温度随高度增加而降低，到层顶降到 −90 ℃，这是大气最冷的部分。水汽极少，但高纬黄昏前后偶尔存在夜光云。存在强烈竖直运动。

4. 热层（暖层）

中间层顶到 800 km 的气层为热层。热层温度随高度而增加，小于 0.17 μm 紫外线几乎全被该层吸收。热层温度达 1000 K 以上，温度日变化显著，还受太阳活动影响。高纬度出现极光现象。

5. 散逸层

热层顶（800 km 以上）以上的气层为散逸层，散逸层是大气的边缘层。这一层温度极高，空气稀薄，地球引力很小，高度运动着的空气原子克服地球引力和其周围空气的阻挡，散逸于星际空间。

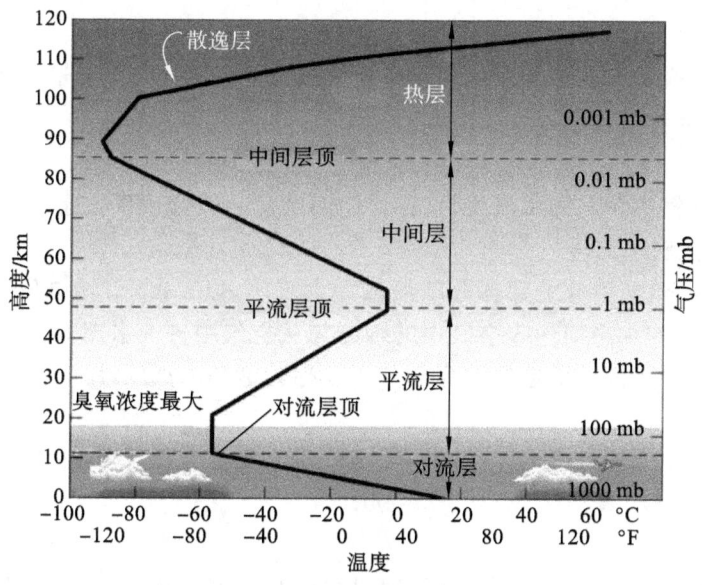

图 3.1　大气的垂直结构示意图

3.1.3　气象要素

表示大气中物理现象与物理过程的物理量称为气象要素。气象要素以气温、气压、湿度和风为最重要量。

1. 气温

气温是表示大气冷热程度的物理量，实质是空气分子平均动能的体现。而用来度量包括大气在内的物体温度数值的标尺叫温标，它规定了温度的读数起点（零点）和测量温度的基本单位。国际单位为热力学温标（K），常用的温标主要有：摄氏温标（℃）、华氏温标（℉）和热力学温标（K）。表 3.1 给出了常用温标之间的换算关系，其中 t 表示摄氏温标，t_h 华氏温标，T 表示热力学温标。

表 3.1　常用温标的换算关系

温标	冰点	沸点	换算关系
摄氏温标 t	0 ℃	100 ℃	$t=5/9(t_h-32)$
华氏温标 t_h	32 ℉	212 ℉	$t_h=9t/5+32$
热力学温标 T	273 K	373 K	$T=t+273$

2. 气压

大气压强简称气压,指观测高度到大气上界单位面积上的竖直空气柱的重量。气压的国际单位用帕斯卡(Pa)来表示,简称"帕",气象学上常用百帕(hPa)。

换算关系:1 hPa=1000 dy·cm^{-2};1 Pa=1 N·m^{-2};1 个大气压=760 mmHg(水银柱高)≈1013.25 hPa,1 mmHg≈1.33 hPa。

地面气压值在980~1040 hPa 之间变动,平均为1013 hPa,距地面10 km 处的气压值只有地面的 25%。

3. 湿度

大气中含有水汽量的多少及发生的相变对大气现象影响很大,由于测量方法和实际应用不同,采用多个湿度参量表示水汽含量。

1)绝对湿度

单位体积湿空气中含有的水汽质量,称为绝对湿度。其常用单位是 g·m^{-3}。

2)水汽压和饱和水汽压

湿空气中,由水汽所引起的那部分压强称为水汽压,以 e 表示,其单位与气压相同。当温度一定时,若从纯水的水平面逸入空气中的水分与从空气中进入水面的水分在数量上相同(即处于平衡状态),此时水汽压所造成的那部分压强称为饱和水汽压,用 E 表示。

3)相对湿度

空气中的实际水汽压与同温度下的饱和水汽压之比称为相对湿度,即

$$f=e/E\times100\%$$

4. 风

空气相对地面做水平运动即形成风。风是大气显示能量的一种方式,风可以使地球上南北之间、上下之间空气发生交换,同时伴有水汽、热量、动量的交换。风有风速,即气流前进的速度,也有方向。风的大小常用风级来表示,英国人蒲福(Francis Beaufort)根据风速的不同将风分为不同等级,即著名的蒲福风级,见表3.2。风向是指风吹来的方向,我们常说的"风来流去"就是指风和海流的方向,风向在气象观察上用 16 个方位表示,如图 3.2 所示。

表 3.2　蒲福风级

级别	名称	风速		地面物特征
		m/s	km/h	
0	静风	0~0.2	<1	静止,烟直上
1	软风	0.3~1.5	1~5	烟能表示风向,但风标不转动
2	轻风	1.6~3.3	6~11	人面部感觉有风,树叶沙沙作响,风标转动
3	微风	3.4~5.4	12~19	树叶和嫩枝动摇不息,轻薄的旗帜展开

续表

级别	名称	风速		地面物特征
		m/s	km/h	
4	和风	5.5～7.9	20～28	能吹起灰尘和碎纸,小树枝摇动
5	劲风	8.0～10.7	29～38	多叶小树摇摆,内陆水面有波纹
6	强风	10.8～13.8	39～49	大树枝摇动,电线有哨音,举伞困难
7	疾风	13.9～17.1	50～61	全树摇动,迎风行走不便
8	大风	17.2～20.7	62～74	可折毁树枝,人向前行走感觉有阻力
9	烈风	20.8～24.4	75～88	轻型建筑物(烟囱和屋顶)发生损坏
10	风暴	24.5～28.4	89～102	陆地上少见,树木连根拔起,多数建筑物损坏
11	强风暴	28.5～32.6	103～117	陆地上很少遇到,发生大范围险情
12	飓风	≥32.7	≥118	

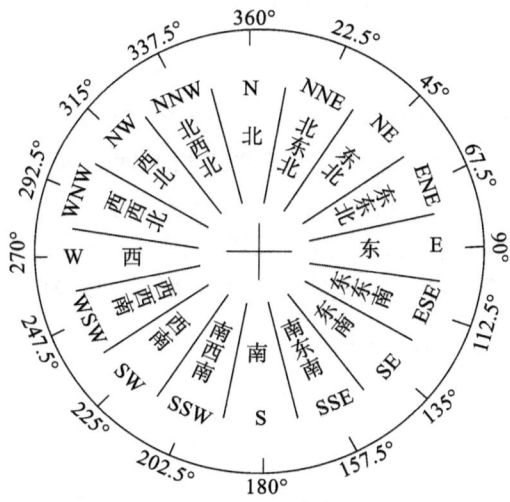

图 3.2　风向方位图

1946 年"蒲福风级"修正,增加 13～17 级(见表 3.3),2007 年我国实施的《地面气象观测规范》新增了 18 级(风速＞61.2 m/s)。

表 3.3　"蒲福风级"修正

风级	风速/(m/s)	风速/(km/h)
13	37.0～41.4	134～149
14	41.5～46.1	150～166
15	46.2～50.9	167～183
16	51.0～56.0	184～201
17	56.1～61.2	202～220

3.1.4　大气运动的基本特征

1. 大气运动的尺度

大气运动的范围称为"尺度",大气的运动,从分子运动到湍流,从小涡到尘暴,从龙卷风到单个积云,从台风到气旋、反气旋,直到与地球半径尺度相似的行星波。其运动的水平尺度,从分子的平均自由行程(10^{-7} m)到行星波波长(10^7 m),相差非常悬殊。

通常把有天气意义的大气运动,按水平尺度粗略分类如下:

①大尺度系统,包括大气长波、大型气旋、反气旋,其水平尺度达到数千千米;

②中尺度系统,包括小型气旋、反气旋、热带风暴,水平尺度为数百千米;

③小尺度系统,包括小型涡旋,雷暴等,水平尺度为几十千米;

④微尺度系统,包括积云、浓积云,水平尺度为几千米。

2. 地转风

大气运动必定要受到科氏力(地转偏向力)的影响,水平尺度越大,科氏力的影响越重要,小尺度和微小尺度系统可以忽略科氏力的影响。中尺度和大尺度云的竖直运动很小,都很好满足静力平衡。

1)大气静力方程

大气的密度随高度的增加而减小,气压亦然。大气又处于不停的运动中,既有水平运动,也有竖直运动。由于大气竖直运动的加速度比重力加速度的数值小数个量级,就每一薄层大气来说,可以认为它受到重力与竖直方向的气压梯度力相平衡,即处于静力平衡状态。

研究一个厚为 dz 的单位截面积空气块(见图 3.3),假设空气无水平运动,只在竖直方向受到重力和气体压力的作用,那么空气块在竖直方向所受重力为 $mg = \rho g\mathrm{d}z$,而其顶部和底部受到的压力差为 $-\dfrac{\partial p}{\partial z}\mathrm{d}z$,二者平衡,则有

$$g = -\frac{1}{\rho}\frac{\partial p}{\partial z} \tag{3.1}$$

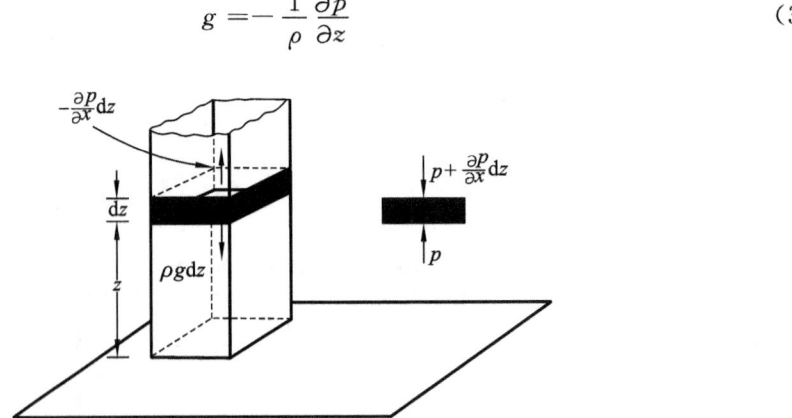

图 3.3　静力平衡示意图

式(3.1)就是大气静力方程。由于大气在水平方向气压分布相对均匀,100 km 内才有 1 hPa的气压差,而在近地面气层中,竖直方向每升高 8 m,气压就减少 1 hPa,因而在一定范围内可以认为 $p = p(z)$,则静力方程可以写成

$$\frac{\mathrm{d}p}{\mathrm{d}z} = -\rho g \tag{3.2}$$

在实际大气中,除有强烈对流运动的地区外,静力方程都成立。该方程具有极广泛的用途。

2) 大气地转平衡运动

在垂直高度 1～1.5 km 以上的大气中,摩擦力很小,可以忽略,称为"自由大气"。在自由大气中,水平气压梯度量值远小于竖直方向,但是它是水平运动的决定性推动力,因此,大尺度水平运动基本上是在水平气压梯度力和科氏力相平衡条件下维持的地转平衡运动。所谓科氏力就是地转偏向力。众所周知,我们的地球不是静止不动的,而是绕着地轴自西向东不停自转,因此必然产生惯性离心力,所以严格地说地球是一个非惯性系,但是因为地球自转的平均角速度很小($\omega = 7.292 \times 10^{-5}$ rad/s),因此我们几乎感觉不到它在转动,但是在研究大气和海洋的大规模运动时就需要考虑到地球自转产生的地转偏向力,或称科氏力。科氏力是三维的,以海水运动为例,如果取 x-y 平面在海面上,z 轴向上,则其三个分量的表达式为

$$\begin{cases} F_x = 20\omega\sin\varphi \cdot v - 2\omega\cos\varphi \cdot w \\ F_y = -2\omega\sin\varphi \cdot u \\ F_z = 2\omega\cos\varphi \cdot u \end{cases}$$

式中:ω 为地球自转角速度,由于海水竖直运动速度 w 很小,所以上式可简化为

$$\begin{cases} F_x = fv \\ F_y = -fu \end{cases}$$

式中:f 称为科氏参量,$f = 2\omega\sin\varphi$。

科氏力的基本性质为:①只有当物体相对地球运动时才会产生;②沿着物体运动方向看,在北半球它垂直指向物体运动方向的右侧,南半球指向左侧;③科氏力只能改变物体运动方向而不能改变其速率;④科氏力的大小与物体运动速率和物体所处地理纬度的正弦成正比,在赤道上为零。

大尺度大气在水平气压梯度力和科氏力平衡下的风速满足地转平衡方程:

$$0 = f\boldsymbol{v}_g \times \boldsymbol{k} - \frac{1}{\rho}\nabla\boldsymbol{p}$$

简化后为

$$\begin{cases} 0 = fv_g - \frac{1}{\rho}\frac{\partial p}{\partial x} \\ 0 = -fu_g - \frac{1}{\rho}\frac{\partial p}{\partial y} \end{cases}$$

求解得

$$\begin{cases} v_g = \frac{1}{\rho f}\frac{\partial p}{\partial x} \\ u_g = \frac{1}{\rho f}\frac{\partial p}{\partial y} \end{cases}$$

式中:v_g 和 u_g 分别为大气水平与竖直的两个运动方向的速度。

说明:

①地转风的方向 v_g 与水平气压梯度垂直(见图 3.4),沿水平面上等压线方向;

②北半球背风而立,高压在右,低压在左;

③自由大气可视为地转风的近似,在等压线弯曲的地区这种近似误差较大;

④当接近地面时,由于地面摩擦力的存在,这时的风有加速度,出现非平衡运动,已不再是地转风。

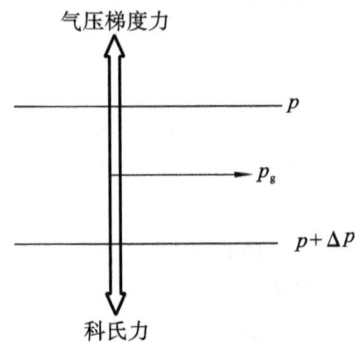

图 3.4　地转风水平方向力平衡示意图

3.2　海面大气的平均状态

3.2.1　大气环流

一般来说,凡是大范围的、半球或全球的、对流层、平流层或整层大气长期的平均运动状态,或某一时段的变化过程,都可以称为大气环流。

大气环流的作用:大范围的大气运动,是各种不同尺度的天气系统发生、发展和移动的条件,也是完成地球-大气系统的热量、水分、角动量等输送和平衡,以及能量转换的主要机制,还是这些物理量输送和平衡的结果。

1. 平均大气环流的竖直结构

1)平均大气环流的竖直结构形成的机理(单圈环流)。

在炎热的赤道,空气受热上升;而在寒冷的极地,空气遇冷下沉。因此赤道上空的空气向极地流动,并在极地产生下沉,然后再从低空折向赤道运动。这种运动即为单圈环流,如图3.5所示。

2)平均大气环流的分类

在北半球沿经圈有三个闭合环流圈(见图3.6):分别是哈得莱环流、费雷尔环流和极地环流。

哈得莱环流:热带的直接环流,空气自较暖处上升,在对流层上部向较冷处流去,然后下沉。

费雷尔环流:该环流的特点是在暖处下沉,冷处上升,是一个较弱的环流圈。

极地环流:属直接环流,即空气自较暖处上升,在对流层上部向较冷处流去,然后下沉。

2. 气压带

以北半球为例,受三圈环流影响,近地表形成四个气压带,由北向南依次为:极地高气压带、副极地低气压带、副热带高气压带和赤道低气压带。这就是我们通常所说的"三风四带"中的四个气压带,如图3.7所示,气压带间就是三个风带。

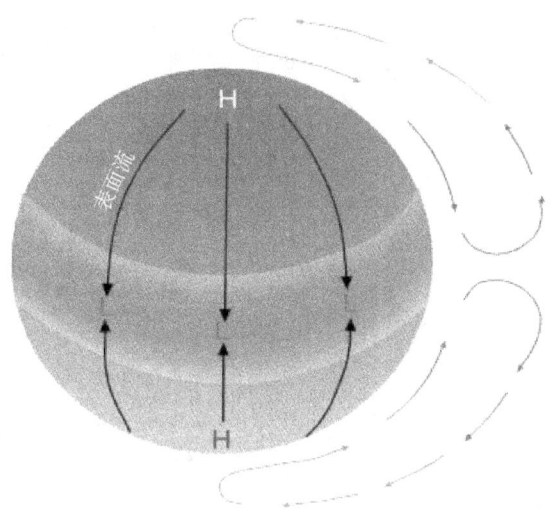

图 3.5　单圈环流示意图

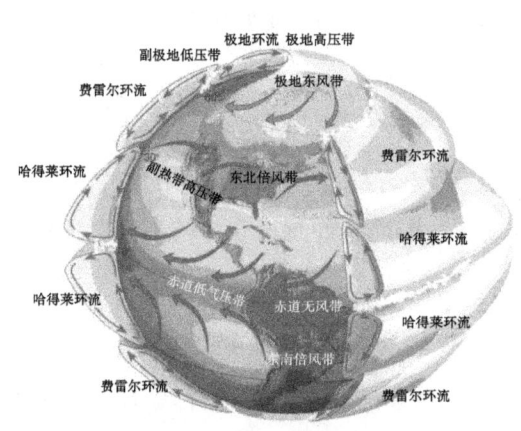

图 3.6　"三圈环流"示意图

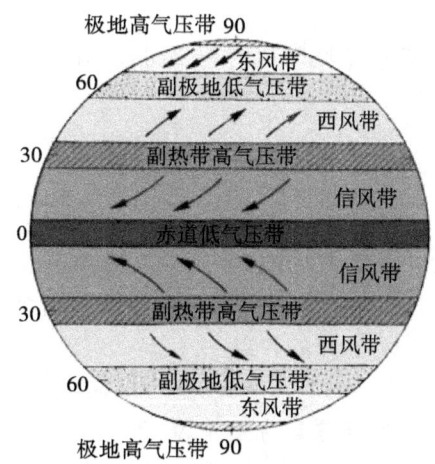

图 3.7　"三风四带"示意图

3. 风带(地面气流)

信风带:在低纬度与哈得莱环流对应的是信风带(受科氏力影响),分为东南、东北信风。

西风带:在中纬度与费雷尔环流对应的是西风带(受科氏力影响);

极地东风:在极地附近与极地环流对应的是极地东风(受科氏力影响)。

4. 气压场及风场

地面气压值在 980~1040 hPa 之间变动,平均气压值为 1013 hPa。随着高度增加,气压值按指数减少,离地面 10 km 处的气压值只有地面的 25%。由于地表的非均一性及动力、热力等因子的影响,使实际大气压并不呈简单的纬向分布。根据各地气象台观测到的海平面气压值,在地图上用等压线勾画出高、低气压的分布区域,就是水平气压场图,如图 3.8 所示。气压场中一般可分为低气压、高气压、低压槽、高压脊及鞍形等区域。

实际上,地面风(见图 3.7)大致平行于等压线,并且高压在北半球位于风前进方向的右

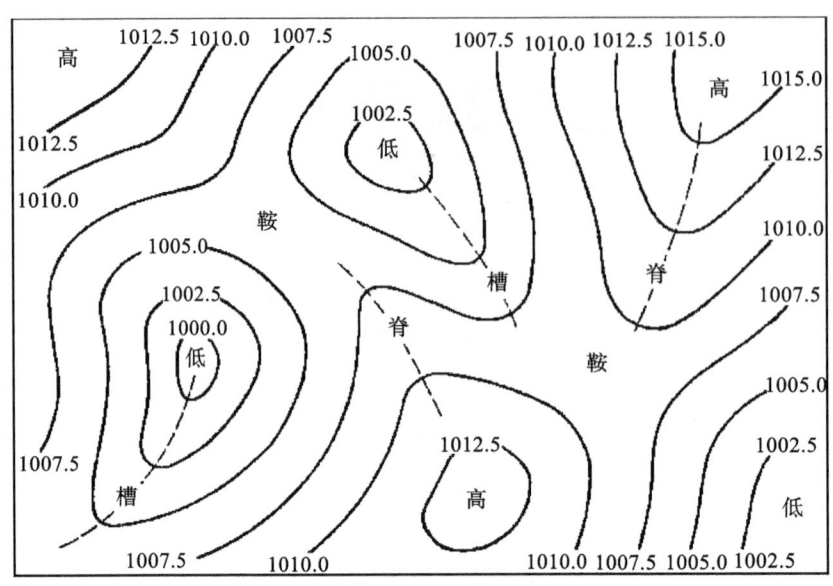

图 3.8　气压场示意图(单位 hPa)

侧,在南半球则位于其左侧。风向与等压线间的夹角就反映了气压梯度力、摩擦力和科氏力间的近似平衡。

3.2.2　季风环流

季风是大范围盛行风向随季节有显著变化的风系。季风主要是由于海陆温度对比的季节性变化和地球上行星风系的季节性南北移动所致。

1. 季风的特点

季风的特点有:①盛行风向随着季节的变化而有很大的不同,甚至接近于相反方向;②两种季风(冬季风和夏季风)各有不同的源地,因而其气团性质有着本质的差异;③能够造成明显不同的季节,例如雨季和旱季、冬夏明显对比等。

全球有三个季风区,一个是印度季风区,二是东亚季风区,三是西非季风区。东亚、南亚是世界最著名的季风气候区,这里冬季盛行东北气流(我国的华北、东北为西北气流),天气寒冷、干燥、少雨;夏季盛行西南气流(我国东部至日本盛行东南气流),天气炎热、湿润、多雨。

2. 季风的形成和维持的影响因素

(1)海陆影响　冬季大陆为高压冷源,海洋为低压热源,地面盛行风从大陆吹向海洋;夏季太阳加热作用使地面变暖,大陆为低压热源,海洋温度较低,风从海洋吹向陆地。

(2)行星环流影响　在表面均匀的地球上,行星风带基本上是纬线方向的。冬夏之间,这些行星风带有显著的经线方向位移,强度也有很大变化,在两支行星风带交替地区,随着行星环流的季节性转移,盛行风往往近于相反。

(3)青藏高原大地形影响　冬季,青藏高原是个冷源,高原低层形成冷高压,盛行反气旋式环流;夏季,高原是个热源,低层形成强大的热低压,盛行气旋式环流。

3.3　影响海洋的典型天气系统

3.3.1　大气锋面

长期的大范围的天气观测发现，在地球大气的低层存在着物理属性(例如温度、湿度、稳定度等)相对比较均匀的大规模的空气集团，其水平尺度数千千米，竖直尺度可达对流层顶，这种大规模的空气集团称之为气团。一个气团内部由于物理属性相近，其天气现象也大体一致。

大气锋面(见图 3.9)：性质不同的两种气团之间有一狭窄的过渡区域称为锋区。由于锋区的宽度比长度小许多，故可看作一个面，称为锋面。锋面是一个倾斜的曲面，其坡度约为 1∶50～1∶100。

(1) 暖锋：被暖气团推动移向冷气团的锋面。

(2) 冷锋：被冷气团推动移向暖气团的锋面。

(3) 静止锋：冷、暖气团相当的锋面。

(4) 囚锢锋：冷暖锋面相遇形成的锋面。

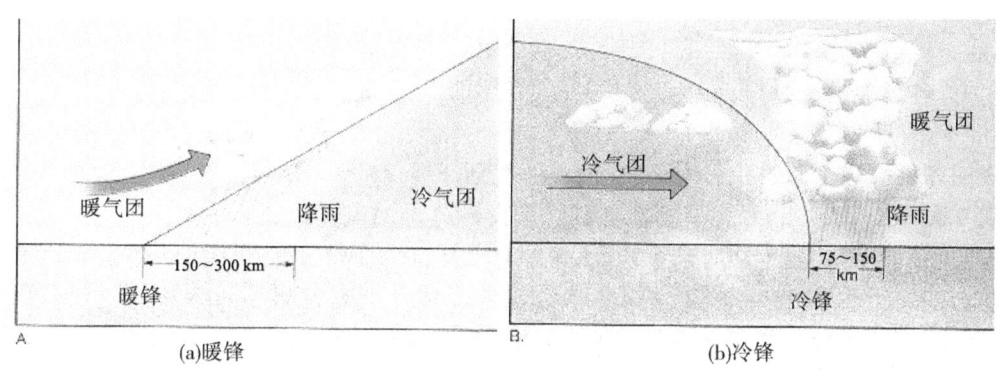

图 3.9　锋面示意图

3.3.2　温带气旋

依照流场观点，称低压系统为气旋，带有锋面的气旋称为锋面气旋。锋面气旋位于温带，称为温带气旋。锋面气旋是中纬度的主要天气系统，其直径从数百米到数千米，其中心强度在 1000 hPa 左右，是一种剧烈的天气系统。

气旋的形成与发展分为以下 4 个阶段(见图 3.10)。波动阶段：一般强度较弱，坏天气区域较小。成熟阶段：气旋区域内风速普遍增大，气旋前部具有暖锋云系，气旋后部具有冷锋云系和降水特征。囚锢阶段：气旋区内地面风速较大，降水加剧。消亡阶段：云和降水减弱，云底抬高，最终消失。整个生命周期为 3～5 天。

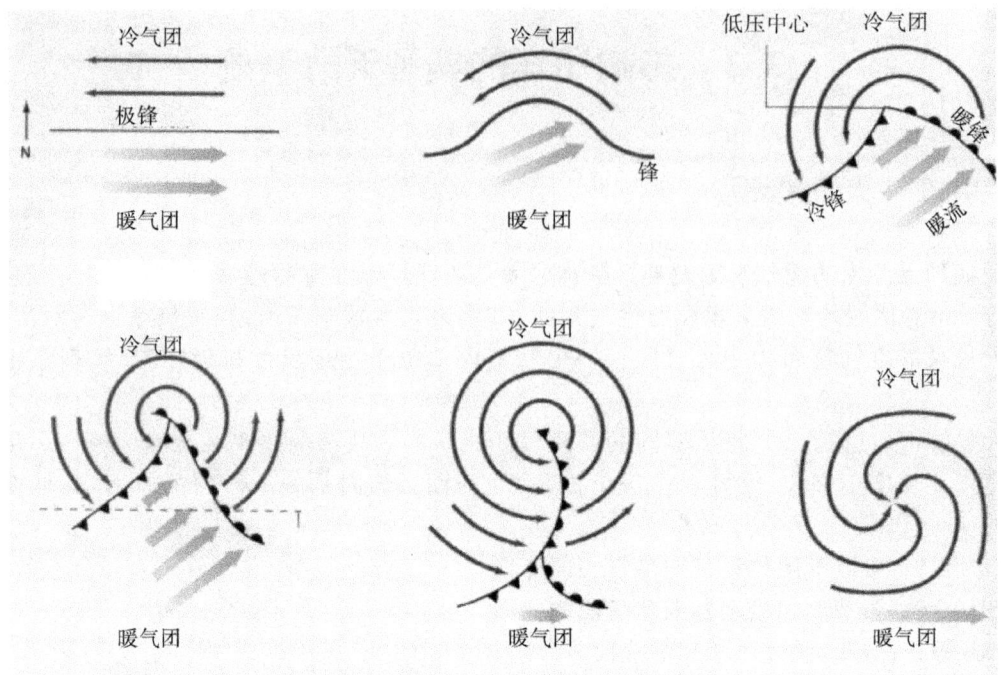

图 3.10　温带气旋的成长过程

3.3.3　爆发性气旋

在中纬度海洋上常发生一种 24 h 内中心气压下降 24 hPa 以上的气旋,也就是 24 h 内气旋加深率大于 1 hPa/ h,称为爆发性气旋。爆发性气旋的风速达到 20~30 m/s。

爆发性气旋主要发生在大陆东岸,太平洋和大西洋的西部,尤其在黑潮流域和湾流流域。太平洋上多发生在 30°N~45°N 之间冬季活动区。其发生数有明显的季节性变化,以 1 月份冬半年最频繁。当冷空气移动到暖洋面上,会产生很强的水汽和热量交换,使得气旋获得能量而爆发性发展。

3.3.4　台风

1. 台风的定义

在低纬度热带海洋上空有一种热带气旋,当它达到一定强度时就发展成一种灾害性天气系统——台风。台风是发生在热带海洋上的一种具有暖心结构的气旋性旋涡。常伴随着狂风暴雨。世界各地的台风的名称不同,东太平洋和大西洋为飓风,印度洋为热带风暴,南半球为热带气旋。

北太平洋西部和南海的热带气旋可分为:热带低压,最大风速<8 级(17.2 m/s);热带风暴,最大风速 8~9 级(17.2~24.4 m/s);强热带风暴,最大风速 10~11 级(24.5~32.6 m/s);台风,最大风速≥12 级(32.7 m/s)等。

2. 台风的结构

台风表现为极强的气旋性环流,低层有强烈的流入,高层有强烈的流出,并有极强烈的上升运动(见图 3.11、图 3.12)。地面是气旋式辐合流场,气流从四周以螺旋曲线的形式流向台风中心。台风中心有速度不大的下沉气流。

图 3.11　台风的结构(平面图)

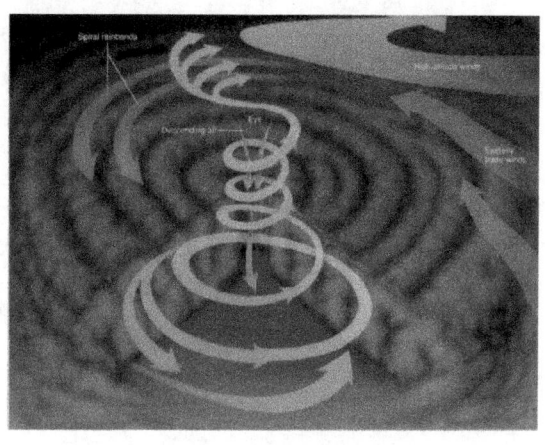

图 3.12　台风的结构

台风眼(见图 3.13):发展成熟的台风在深厚云区的中间有一个直径为几十千米近似圆形的晴空少云区,眼区为微风或静风,气压最低,平均直径为 30~40 km。

台风云墙:台风眼区外围的圆环状云区称为台风云墙或眼壁,云墙区主要是由一些高大对流云组成,其高度通常为 15 km 以上,宽度为 20~30 km,在云墙区域有强烈的上升运动,其值达 5~13 m/s。云墙附近是风雨最剧烈的地区,摧毁性的大风暴雨经常发生。

螺旋云雨带:台风云墙到台风外缘称为螺旋云雨带,是由一条或几条螺旋云带旋向台风中心眼壁,云带区对流活动旺盛,有显著的上升运动。

3. 台风的移动路径

台风移动除受自身旋转影响外,最重要的是受环境流场的影响(见图 3.14)。副热带高压离台风近,持续时间久,空间尺度大,是对台风移动的影响最直接、最主要的天气系统。

台风移动路径主要有四种,即西行路径、西北行路径、转向路径和特殊路径,其一般规律为:①副热带高压呈东西向带状,强度较大时,位于南侧的台风将稳定西行;②台风东侧有副热带高压脊向南延伸,台风移动具有明显的北分量;③台风位于副热带高压西南侧时,将转向北上;④台风进入西风带,处于副热带高压北侧时,在副高和西风带共同作用下,向东-东北方向移动。

图 3.13　风眼

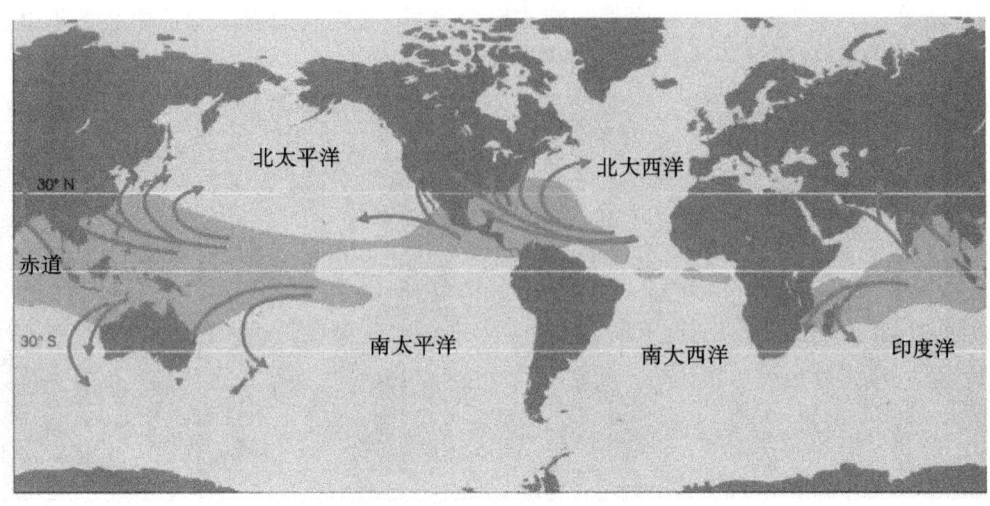

图 3.14 台风的路径和多发地区

思 考 题

1. 什么是干洁大气？
2. 地球大气用竖直梯度分层，大气划分成哪五层？
3. 主要天气现象和过程（如寒潮、台风、雷雨、闪电等）发生在大气的哪一层？
4. 表征相对湿度有哪两个参量？
5. 水汽压和饱和水汽压的定义各是什么？
6. 主要的气象要素有哪四个？
7. 自由大气中地转平衡运动是在哪两个力平衡作用下维持的运动？
8. 什么是地转风？
9. 北半球背地转风而立，高压在右还是左？
10. 什么是大气环流？大气环流的作用是什么？
11. 试在图中标出大气哈得莱环流、费雷尔环流和极地环流。

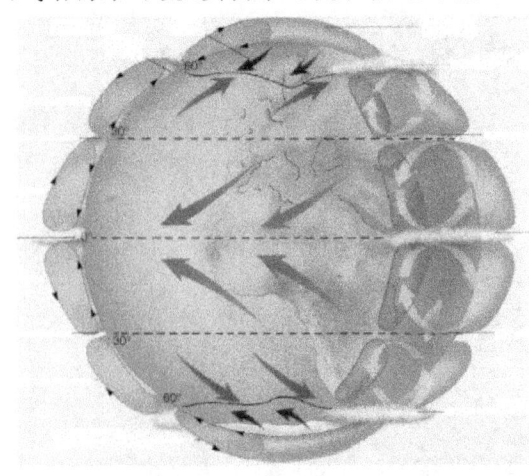

第 11 题图

12. 什么是季风环流？季风的特点是什么？

13. 大气锋面有哪几种类型？

14. 什么是热带气旋？

15. 台风的水平结构分为哪几部分？

第4章　海洋声场环境

4.1　海洋声学的基础知识

4.1.1　海洋声学概述

目前水声技术已是开发海洋和研究海洋广泛采用和行之有效的手段,如水下通信、声遥感测控、数据图像传输,以及用声波遥测海洋涡旋的运动和变化与全球海洋温度的监测等(见图4.1、图4.2)。这些应用要求进一步研究声波传播规律与海洋环境的定量关系。由于海洋介质的复杂性和多变性,声波在海洋中传播规律不仅取决于海洋边界条件、海水温度、盐度分布、海水成分 $MgSO_4$ 对声波的吸收率等因素,而且还受到海洋动力学因素和海洋时空变化的制约。因此,形成了专门研究声波在海洋中传播规律和特性的海洋声学。

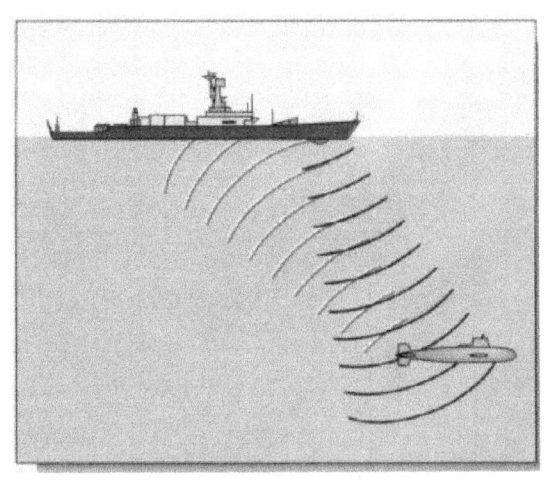

图 4.1　水声探测潜艇

1. 海洋声学研究内容

1) 海洋声学正问题

海洋声学研究的内容有:海洋中声速垂直分布不均匀而形成的深海声道传播特性,以及声的波导传播与非波导传播;海水中 $MgSO_4$ 等化学成分引起的超吸收;对远距离传播有极大影响的海底沉积层的声学特性;沉积层的分层结构和海底的不平整地形等的反射损失和散射;内波引起的声传播振幅和相位的起伏;海洋水层中浮游生物群和游泳动物的声散射;大洋深处的湍流、涡旋对声波传播的影响以及海洋动力噪声、水下噪声和海洋生物发声等。

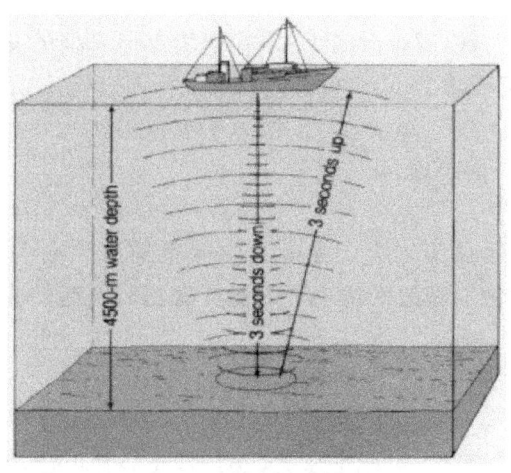

图4.2　利用声波探测水深

2）海洋声学逆问题

应用上述声传播信号特征寻求海洋内部的运动规律和边界状态，如声学方法监测大洋温度等，则成为声学的逆问题。逆问题在开发海洋和研究海洋方面具有很大的潜力。

2. 声波的基本知识

1）声波

发声体产生的振动在空气或者其他介质中的传播称为声波。声波通常是纵波，也有横波，声波的传播实质上是能量在介质中的传播。纵波的介质质点振动方向与波传播方向一致，是介质内稀疏、稠密的交替传播过程；横波的介质质点振动方向与波传播方向垂直。

2）声压

声压是大气压受到声波扰动后产生的变化，它相当于在大气压上所叠加的一个声波扰动引起的压力变化，即

$$\Delta p = p - p_0 = p(x, y, z, t)$$

式中：p 为介质中存在声波某点处的压强；p_0 为没有声波时介质中该点的压力；Δp 为声压。

声波作用的空间范围称为声场。

3）声速

声速即声波在介质中传播的速度，在一个标准大气压和 15 ℃的空气中声速为 340 m/s，在海水中的平均传播速度为 1400 m/s。

4）声波频率

声波频率是指声源每秒振动的次数，单位为赫兹（Hz）。人耳可听到的最高频率为 20 kHz，因此该频率以上的声波称为超声波；可听到的最低频率为 20 Hz，低于 20 Hz 的声波称为次声波。

4.1.2　海水中声波的传播速度

声波在海水中的传播速度主要受温度、盐度和压力的影响。

　　1) 与温度的关系

　　声速随温度升高而增大,温度每升高 1 ℃,声速增加原来值的 0.354%,设 $c_0 = 1450$ m/s,当温度增加 1 ℃时,则声速将增大 5 m/s。估算公式

$$\Delta c = c_t - c_0 = c_0 \times 0.00354t$$

式中:c_0 是当温度 $t = 0$ ℃时的声速。

　　2) 与盐度的关系

　　海水中的声速随盐度增加而增大。在海水中测量结果表明:盐度每增加 1,声速值增加 1.14 m/s。声速因盐度变化引起的变化小于因温度变化所引起的变化。当盐度增加 1 时声速的变化 Δc_S 的估算公式为

$$\Delta c_S = c_0 \times 0.00083S$$

　　3) 与压力的关系

　　静压力 p 增加,声速增大。p 以标准压力(101325 Pa)为单位,经验近似估算公式为

$$\Delta c_p = 0.00022 \, c_0 p$$

　　当深度变化 100 m 时($p = 10$),上述公式估算结果为 3.19 m/s,而实测当深度变化 100 m 时,声速约增加 1.75 m/s,比经验公式所得要小。

　　综合上述各经验公式可得:当海水深度变化 245 m 时,其声速变化值相当于温度变化 1 ℃或盐度变化 4 的变化值。显然在影响声速的诸因素中,温度的变化起着相当重要的作用,其次是压力的影响,而盐度的影响常被忽略,除非在极特殊的海区。

4.1.3　海洋的声学特性

1. 海水中的声速和声速竖直剖面

　　声速竖直剖面就是声速随海水深度变化的图线 $c(z)$。水平方向声速虽然也是不均匀的,但其不稳定性和复杂性对于目前的声呐作用距离范围尚不是主要因素,因声速的水平梯度一般较竖直梯度为小,但在那些较复杂的海区(冷暖水团相交混的海域)则必须考虑声速的水平梯度。

　　由于声速随温度、盐度和压力而变化,而温度、盐度随海区、季节、昼夜变化,因此声速也将随海区、季节、昼夜和深度变化。若将海洋看作分层不均匀介质,声速是温度、盐度、深度的函数 $c(t, S, p)$,则声速沿竖直方向的梯度变化为

$$\frac{dc}{dz} = \frac{\partial c}{\partial t}\frac{dt}{dz} + \frac{\partial c}{\partial S}\frac{dS}{dz} + \frac{\partial c}{\partial p}\frac{dp}{dz} \quad 或 \quad \frac{dc}{dz} = \frac{\partial c}{\partial t}G_t + \frac{\partial c}{\partial S}G_S + \frac{\partial c}{\partial p}G_p$$

式中:$G_t = dt/dz$ 为温度在竖直方向的梯度;$G_S = dS/dz$ 是盐度在竖直方向的梯度;$G_p = dp/dz = 0.1$ 为流体压力的梯度,是一个常量。

　　海水中声速与温度、盐度和压力的关系,通常以经验公式表示,类似的经验公式较多,例如威尔逊公式,实际应用中多采用在威尔逊经验公式基础上给出的较为简单的公式

$$c(z) = 1449.30 + \Delta c_t + \Delta c_S + \Delta c_p + \Delta c_{tSp}$$

　　G_t 由温度深度自记仪得出。实际应用中依声速梯度仪直接得出声速竖直剖面 $c(z)$ 曲线(见图 4.3)。由该海区的 $c(z)$ 曲线便可推断声波传播的特征。

　　(1) 一般海区 G_S 很小,可忽略。实际应用中以声速梯度仪直接得出声速铅直剖面 $c(z)$ 曲线。水平方向声速是不均匀,但水平梯度较竖直梯度为小。在复杂海区(冷暖水团交混区)必

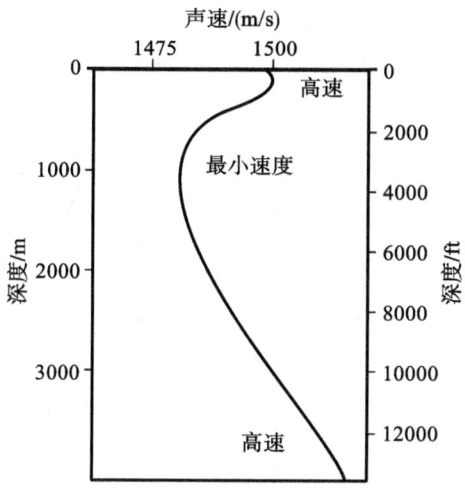

图 4.3　典型声速铅直剖面 $c(z)$ 曲线

须考虑声速的水平梯度。

（2）太平洋、大西洋和地中海都存在声速极小值（见图 4.4、图 4.5），可见在大西洋、太平洋和地中海，声速剖面 $c(z)$ 于水下均出现一极小值，极小值所在的平面称声道轴，声波在其间可传播很远距离，此即为水下声道现象。

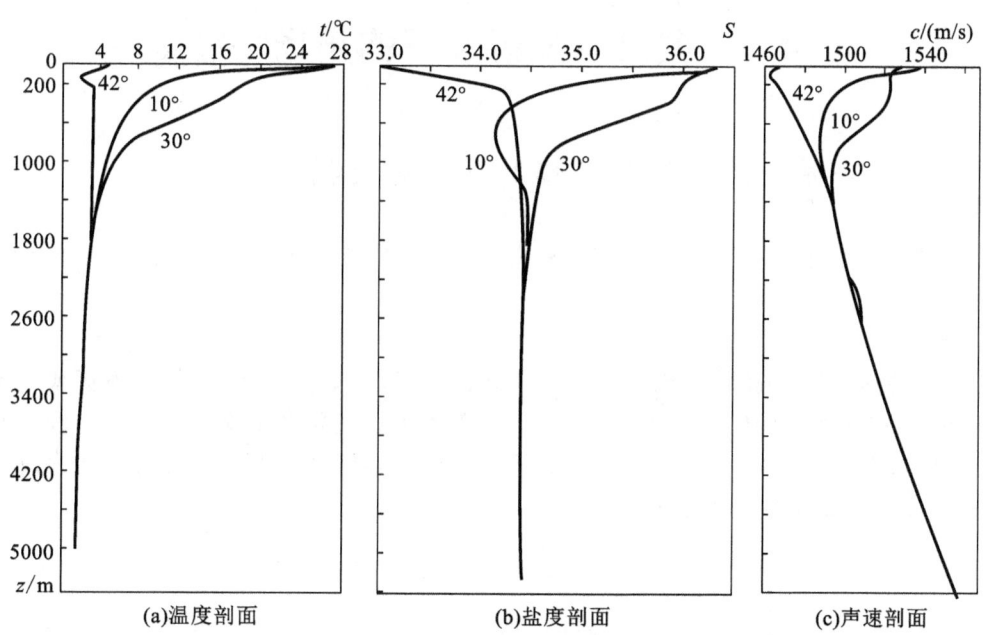

图 4.4　大西洋 50°30′W 不同纬度上温度、盐度和声速剖面

实际工作中对声速绝对值的要求远低于对声速剖面的实时测量，对于后者，目前已普遍使用微机控制的声速剖面自记仪和自动声线轨迹仪，我国早在 20 世纪 80 年代初便研制了上述仪器，且已普遍推广应用。

2. 海洋中声传播损失

海水、海面和海底构成一个复杂的声传播空间，声波通过这个空间时，声信号将减弱、延迟

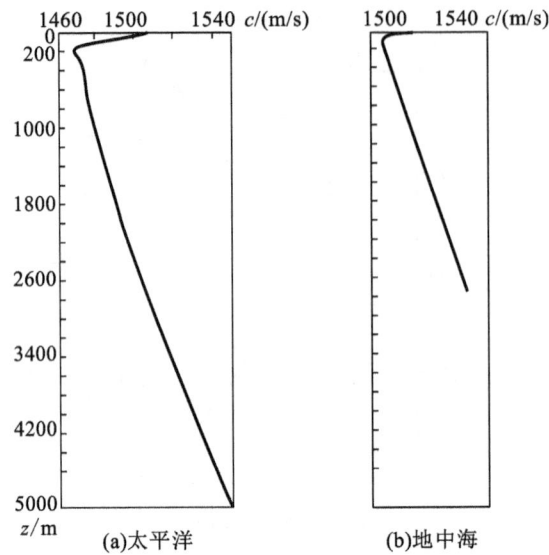

图 4.5　太平洋和地中海的声速竖直分布 $c(z)$

和失真,并损失部分声能。引起声能损失的原因有:声能在空间扩展;海水介质的吸收;海中气泡、浮游生物和海水团块的散射;波动海面的反射与散射;以及海底反射层的反射和吸收等。

4.2　典型水文条件下的声场特征

4.2.1　海洋中声的波导传播和反波导传播

在典型水文条件下,声传播损失较小称为声的波导传播。波导传播主要有三种类型:波导型、反波导型和分裂型。

1. 波导型

波导型传播的声速随深度增加而增大,声线向上弯曲,如图 4.6 所示,在海面或某层反射向前传播,不存在海底的吸收和散射,声能传播距离远。波导型传播多见于冬季浅海和深海 2000 m 以下(主要是静压力作用)。所以冬季声能的传播距离较夏季远得多。在浅海亦称表面声道,声呐在浅海时冬季比夏季传播远。

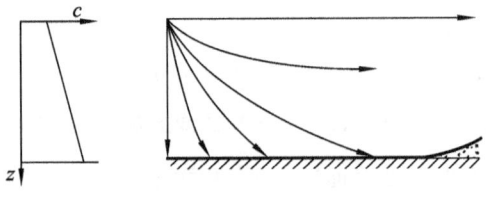

图 4.6　波导型传播的声线

2. 反波导型

反波导型传播的声波传播方向弯向海底(见图 4.7),由于海底对声波的吸收和散射,经海底反射回来的声能减弱,特别是声的影区内,没有直达声,只有散射声,声的传播距离受到极大的限制。于炎热夏季的浅海中声速随深度的分布多为负梯度,从声源辐射的声线束弯向海底,这就是夏季浅海的"午后效应"。

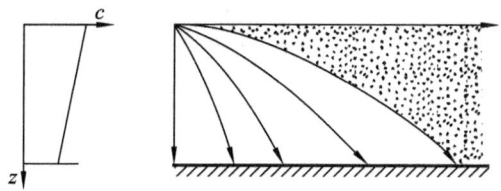

图 4.7　反波导型传播的声曲线

海水的温度不仅随深度变化,也随昼夜变化,因此传播条件是不稳定的。若表层温度比底层愈高,则声线愈向海底弯曲,传播的条件也愈差。夏季热而无风的天气,表层温度很高,故声的传播条件最差。

3. 分裂型

分裂型传播的声波一部分向上一部分向下,使到达某区的声能减小,存在声影区(见图 4.8)。秋季,混合层下出现温跃层。

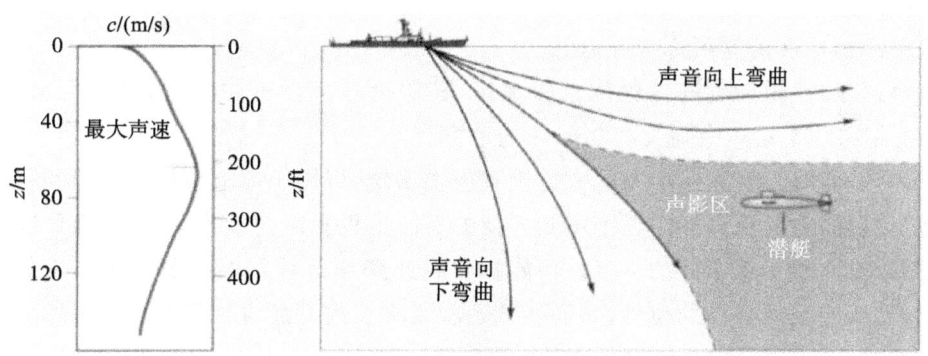

图 4.8　分裂型传播的声曲线

秋季,温带海区的上混合层基本是等温的,在稍深些海区,温度甚至随深度增加而略有升高,此时温跃层渐趋减弱或消失。上层声速分布为正梯度的声线束的传播的轨迹如图 4.8 所示。在等温层的下边界(即声速分布由正梯度变为负梯度时),声线束会分裂,上部分声束渐次弯向表面,而下部分声束则向下弯曲。

如夏季有风时,海洋表层通常有一温暖的混合层,水层中温度徐缓下降,有时近于等温层。在中国黄海和东海混合层的厚度约为十几米至二十几米。上层为弱的负梯度,此层以下出现温度跃层,则产生折射与反射,声能因而减弱,如图 4.9 所示,跃层对声波起部分屏障作用。

4.2.2　深海水下声道

声的超远距离(通常是接收距离的几百倍)的传播称为声道现象。

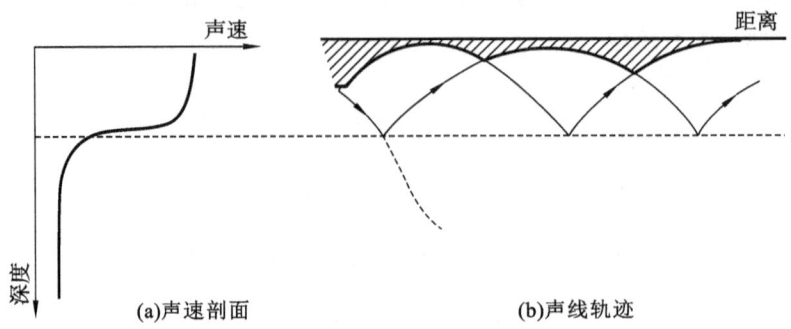

(a)声速剖面　　　　　　　　　　(b)声线轨迹

图 4.9　夏季有温度跃层时的声速剖面和声线轨迹

1. 水下声道

由于跃层效应,在温度跃层以下深水区,水温随深度增加变化减小,压力对声速的影响显著,使声速有极小值。若声源在此附近,从声源发出的声线束将向声速极小值所在的水层弯曲,此时声能大部分限制在此水层间,没经过海面和海底的反射、散射和吸收,声能损失很少,像在水下存在一声能传播的通道,称水下声道。

2. 声道轴

声速极小值所在的深度称为声道轴。

深水声道轴:声道轴所处位置位于深水区,其深度各大洋不同,大西洋中为水下 1260 m 附近(见图 4.10),太平洋中则为 900 m 深的地方。

水下声道轴的应用:在三个不同方位设置声发系统,可用于海上救援。人们利用声波在声道中的超远传播特性,在大洋中三个不同方位的岛屿上设置声发接收站,遇难船只或坠海飞行员投掷少量炸药,数千千米外的声发站便能接收到此爆炸信号。根据爆炸信号到达三个接收站的时间差,确定出爆炸点的位置,从而找到营救目标。据此还可预报海底火山爆发和海底地震引起的海啸。

浅水声道轴(或表面声道轴):有些近岸的大陆架海区,声道轴约在水下 60～100 m 附近,

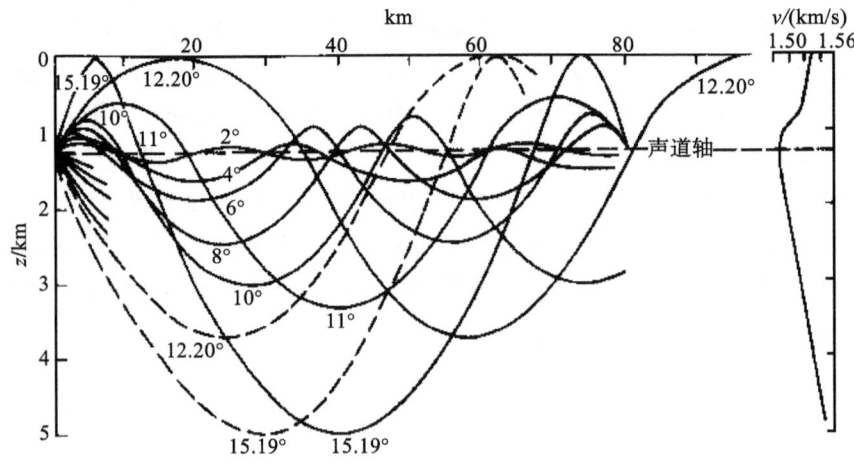

图 4.10　大西洋声道声线图

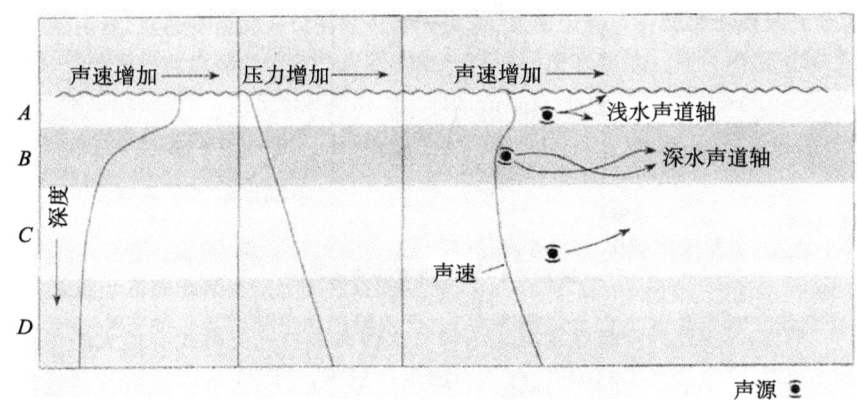

图 4.11　浅水声道轴与深水声道轴

这种情况称为浅水声道轴(见图 4.11)。声道轴所处位置位于浅水区,常不稳定,声波在表面声道中不如在水下声道中传播得远。因为表面波浪和大量气泡引起的散射使声能损失了一部分。

　　中国沿海广阔海域大部属于浅海大陆架海域,深度大多在 200 m 以内。声呐在冬季的作用距离比夏季远得多。这是因为冬季的传播条件为波导型,而夏季为反波导型传播。我国大陆架浅海区冬季水温竖直分布基本上是均匀的,而由于静压力作用,下层声速略大于上层,形成弱的表面声道。如果发射器有方向性,声波在其间传播,除海面波浪和气泡的散射外,能量损失较小,因此传播距离相对增加。其他季节里,多数海区出现温度跃层。在我国黄海海区夏季可形成强的温跃层,其他如渤海、东海也有弱的温跃层。春季出现的温跃层较弱,温跃层的深度也较浅,秋季温跃层逐渐变弱,至冬季上层变为混合层或弱的负梯度,此种传播条件形成了浅海表面声道。

思　考　题

1. 声波是否可以在真空中传播? 声波在水中传播速度为多少?

2. 海水的温度每升高 1 ℃声速增加多少?

3. 海水的盐度增加 1,声速增加多少? 海水的深度增加 100 m,声速增加多少?

4. 声波在声道轴上可传播很远还是很近?

5. 在声速竖直剖面 $c(z)$ 曲线图中标出声道轴的位置。

6. 试绘出具有声速极小值的声速竖直剖面 $c(z)$ 曲线草图。

7. 什么是声道轴? 什么是水下声道现象?

8. 当声速随深度而增加时,声线向上还是向下弯曲? 当声速随深度而减小时呢?

9. 海洋中声的波导传播的定义是什么? 波导型传播的条件是什么? 绘制声线草图。

10. 反波导式传播的条件是什么?

11. 试绘制图中给出的声速剖面对应的声线草图。

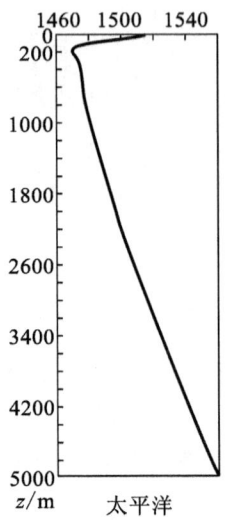

第 5 题图

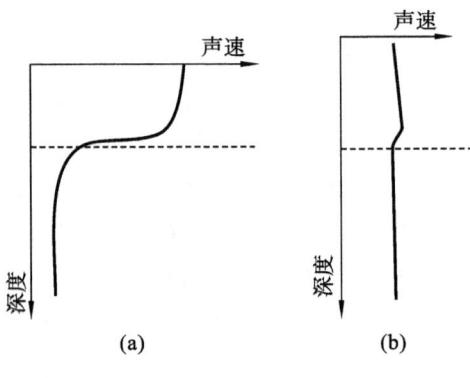

第 11 题图

第 5 章　舰船海洋环境效应

5.1　海洋环境对海军作战平台的影响

5.1.1　舰船海洋环境效应的定义及分类

舰船海洋环境效应是指海洋自然环境对舰船使命任务的影响。其主要表现为舰船在海洋环境条件下与测试（设计）条件下所具有的能力差异。所谓能力差异是指作战技术指标的变化。作战技术指标包括：稳性、快速性、操纵性、耐波性，以及安全性、隐蔽性等。舰船海洋环境效应又分为水面舰艇海洋环境效应和潜艇海洋环境效应。

水面舰船海洋环境效应主要包括：稳性环境效应、快速性环境效应、操纵性环境效应、耐波性环境效应、舰船航行安全环境效应。

潜艇海洋环境效应主要包括：潜艇浮性效应、近水面航行姿态保持环境效应、潜艇水下航行效应、隐蔽性环境效应。

5.1.2　水面舰艇海洋环境效应

1. 稳性环境效应

舰船在实际海洋中航行时，由于波浪的作用出现纯稳性丧失、参数（激振）横摇和骑浪（横甩）现象，此为舰艇海洋环境的稳性效应。

1）抗风浪能力

实际航行的海洋风浪条件与设计条件的差异，决定舰船航行时因风浪作用发生倾覆的风险大小。风力大于设计值，风险增加，反之风险减小。抗风浪能力可用风力大小来衡量。

2）纯稳性丧失

纯稳性丧失指舰船在波浪中由于回复力臂曲线的减少导致横倾静态平衡丧失的状态。

当一个波浪通过航行舰船时，其初稳性高（GM）是一个变化的值，特别是在波峰通过船体中前部约 1/4 区域内，初稳性高（GM）有较大的降低。舰船中垂和中拱状态时，与静水中相比较，其静稳性曲线有显著的差异，中拱状态的静稳性曲线有显著的恶化。初稳性高（GM）降低至很小或为负值时，则舰船存在稳性丧失的危险。船舶中拱状态时，抗风浪能力降低。

3）参数（激振）横摇

参数（激振）横摇的现象：参数（激振）横摇指舰船在波浪中由于回复力矩的周期性变化引起参数响应，导致船舶横摇运动显著增强的现象。

4）骑浪（横甩）

骑浪（横甩）是指船舶在波浪中使用最大操舵能力仍然不能维持定常航向并出现无法控制的明显首摇运动的现象。

2. 快速性环境效应

舰船在实际海洋中航行时由于风、浪、流的作用出现最大航速和续航力较设计指标值降低或增加的现象，此为舰船海洋环境的快速性效应。

1）舰船最大航速的环境效应

顶风和顶流航行都会增加船体阻力，舰船最大航速会有所降低；顺风和顺流航行将减小航行阻力，舰船最大航速会有所增加。

舰船在波浪中航行时，因纵摇和垂荡运动而改变水下船体形状，增加航行阻力，此即波浪中增阻现象。同时过大的纵摇和垂荡运动有可能出现螺旋桨出水（飞车）或吸水现象，降低螺旋桨工作效率，所以舰船最大航速降低。

2）舰船续航力的环境效应

舰船续航力指规定海况下舰船以巡航速度航行所能达到的最大航行距离，或保证舰船最大航行距离所需要的液体载荷量。一般规定海况为 2 级以下，巡航速度 18 kn，液体载荷主要是燃油。与舰船最大航速环境效应类似，风、浪、流的作用一般情况下都会使舰船实际续航力降低。

顶风和顶流航行都会增加船体阻力，舰船续航力降低；

顺风和顺流航行将减小航行阻力，舰船续航力会有所增加；

舰船在波浪中航行时，因波浪中增阻，以及螺旋桨效率降低，导致舰船续航力减小。

3. 操纵性环境效应

舰船操纵性技术参数都是针对静水而言，实际海洋环境中的风、浪、流都必然增加操纵的困难，海洋环境对舰船操纵影响很大。舰船操纵性环境效应至少包括舰船航向保持、穿越剪切流和舰船操纵回转三个方面。

1）舰船航向保持环境效应

舰船在风、浪中保持航向航行，由于水动力和空气动力的作用使舰船出现的不稳定操船平衡现象。主要包括：风载荷下航向保持效应和波浪载荷下航向保持效应。

（1）风载荷下航向保持效应

在风作用下舰船航向保持运动出现稳定可操船平衡与不稳定可操船平衡的现象。

（2）波浪载荷下航向保持效应

海浪对舰船运动的影响除周期运动响应外，波浪的漂流力的作用效果与风、流相似，舰船在波浪中航行也会出现航向偏离、运动漂移现象。漂流力对海洋结构物以及船舶的系泊、动力定位等产生很大影响。从漂流量来衡量，与风相比较大致是其 1/4 左右，因此相对而言波浪中漂移的重要性有所降低，但是波高 1.0～1.5 m 的短波对于在港湾内低速操船却有着很大的影响。

2）舰船穿越强剪切流环境效应

舰船横向穿越强剪切流时出现巨大的摇艏力矩而导致横倾角过大甚至倾覆的现象。

强剪切流环境效应机理：舰船在穿越强剪切流时，剪切流作用于船体使船出现航向偏离，为纠正航向采取操舵措施，此时强剪切流、航向偏离出现的水动力漂角和操舵的水动力共同作用，使船产生同一方向的横倾，从而出现过大的横倾角，若稳性不足就有可能导致倾覆事故。

3）舰船操纵回转环境效应

在波浪中舰船操舵回转的纵距和横距与静水中的差异，称为操纵回转环境效应。

4. 耐波性环境效应

舰船耐波性技术参数包括：横摇幅值、纵摇幅值、垂荡幅值、甲板上浪、艏底砰击、垂向加速度、螺旋桨出水与飞车。

舰船耐波性环境效应可能使舰船摇荡增强，也可能使摇荡减缓。在高海况下出现过大摇荡运动时，一般以降低航速或改变航向来减缓舰船的摇荡。但是，利用耐波性环境效应可以提高舰船波浪中的作业能力，有利于舰船作战。

5. 舰船航行安全环境效应

影响舰船航行安全的其他环境因素有海雾和固体边界等。海雾会降低能见度，使舰船对出现的海上移动物体会因为惯性运动控制困难而发生碰撞危险；靠近固体边界航行时，由于流体吸力的作用使舰船操控性发生变化，也会导致舰船发生碰撞（包括搁浅）危险。这些环境因素影响到舰船航行可能出现危险现象，统称为舰船航行安全环境效应。

5.1.3　潜艇海洋环境效应

1. 潜艇浮性效应

潜艇浮性效应是指海水密度变化导致潜艇水下静力平衡改变的现象。一般通过潜艇的均衡来消除该效应。

潜艇水下航行时，为了保证其机动能力和安全性，应当尽量保持水下静力平衡。在整个航行过程中，由于载荷的消耗或武器的发射，潜艇的质量将发生变化；其次，不同的海区（海水密度变化）、不同的深度（海水压力变化）和不同温度（海水盐度变化）等情况下，潜艇的固定浮容积提供的浮力也产生相应的变化。为保证潜艇在水下的平衡，并消除潜艇的纵倾和横倾，潜艇需要采取注排水、导移油水等措施。这种根据潜艇载荷变动情况采取的相应措施，使潜艇始终满足水下平衡，称为潜艇的均衡。

2. 近水面航行姿态保持环境效应

潜艇设计输入的海况与实际海况差异所造成的姿态变化，称为近水面航行姿态保持环境效应。

潜艇潜望状态航行或水下导弹发射状态（近水面航行），由于波浪扰动力的作用使潜艇出现摇荡运动。特别是潜望状态航行时海表面产生的吸力甚至有使潜艇露出水面暴露目标的危险。

图 5.1 为潜艇近水面航行示意图。波浪扰动的作用使潜艇出现摇荡运动，摇荡幅度与波浪的波高和波长有关，图 5.2 为典型的潜艇近水面升沉幅度、纵倾角幅度、相对位移幅度与波长的关系，潜艇距离水面 2～3 倍艇体直径，在波长为艇长 2～3.5 倍时，潜艇有明显的升沉幅度，在更大的波长情况下，纵倾角幅度明显增大。图 5.3 所示则是航行潜艇典型的近水面航行战术评估图（极坐标图中半径数值为有义波高），图中阴影部分为过度摇荡的运动区域，即战术规避区域。

3. 潜艇水下航行效应

1）潜艇水下航行环境效应

船只航行在很浅的密度跃层上方时，其动力造成在跃层处产生内波，船只的动能被消耗，因此显著减速，这种现象称为"死水"。

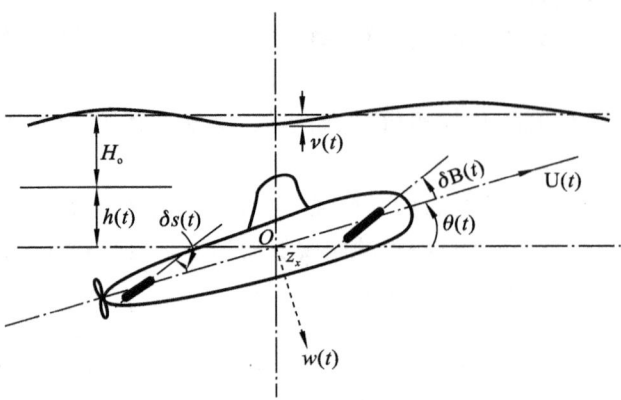

图 5.1　潜艇近水面航行示意图

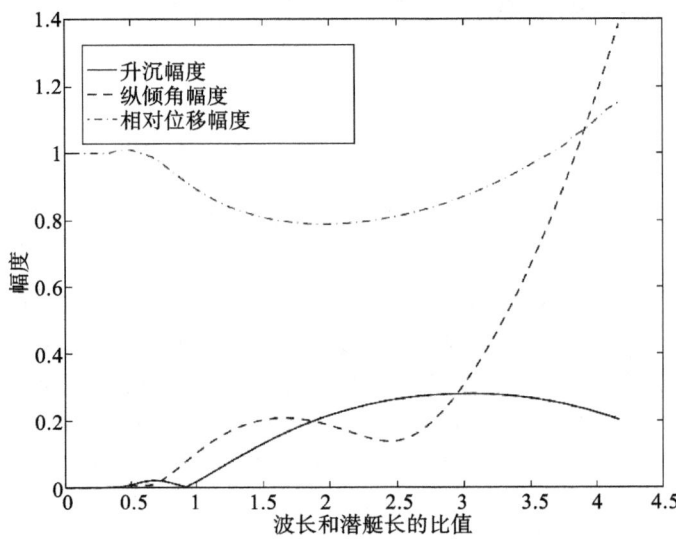

图 5.2　潜艇近水面升沉幅度、纵倾角幅度、相对位移幅度与波长关系(潜艇距离水面 2～3 倍艇体直径)

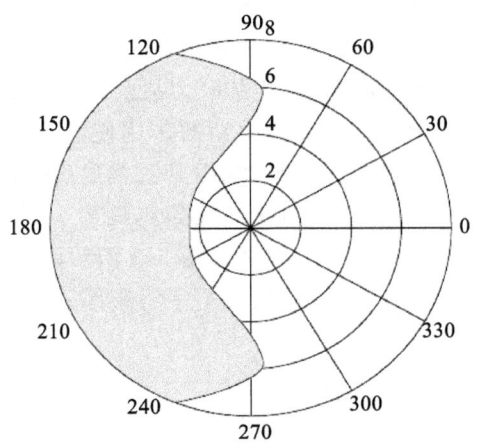

图 5.3　典型的潜艇近水面航行战术评估(极坐标图中半径数值为有义波高)

潜艇水下航行于密度跃层附近时，可能激发跃层处产生内波，引起潜艇水下航速显著降低，称为潜艇水下航行环境效应。在近岸浅海，从春季开始逐渐形成的温跃层为海洋内波形成创造了条件，由潜艇激发的浅海内孤立波是值得关注的问题，一方面激发内波消耗了潜艇的能量，大大降低潜艇航行速度，内波形成辐聚与辐散在海面形成显著的海水堆积和下沉，不利于潜艇航行的隐蔽性。

2）潜艇水下航行漂移环境效应

潜艇水下航行时，由于海流的作用导致潜艇的运动出现漂移现象。潜艇实际航行轨迹与航行预测轨迹的偏差，称为水下航行漂移环境效应。水下航行漂移环境效应的大小取决于海流速度的大小和方向。

潜艇水下航迹靠计程仪或惯导系统推算，为了航行隐蔽，潜艇水下航行时无法获得实时海流数据，通常依靠经验和历史统计资料推算海流大小和方向，用于估算和修正海流作用引起的漂移量。水下航行漂移环境效应对于潜艇导航具有重要的意义。

潜艇水下顺流航行和逆流航行，在一定时间内形成的最大航程差，称为潜艇水下航程漂流效应。图 5.4 为潮流 1.0 kn/min、航速 0.5 kn/min，潜艇航程漂流效应计算结果，航程漂流效应达到约 7.2 km。

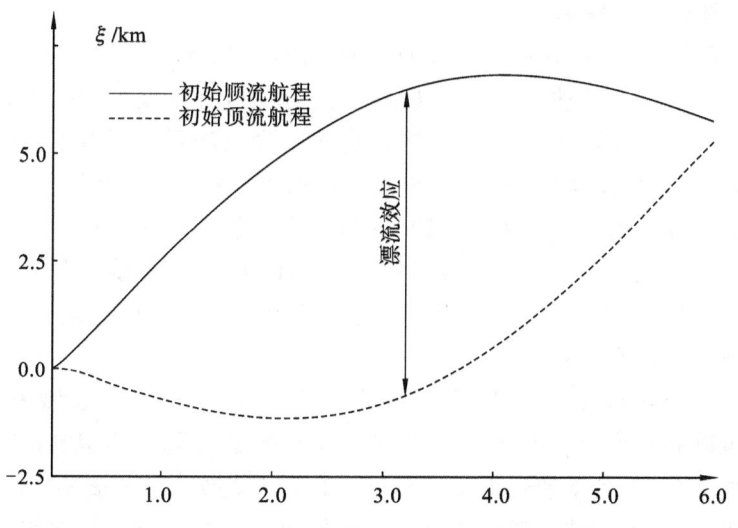

图 5.4　潮流 1.0 kn/min、航速 0.5 kn/min，潜艇航程漂流效应

4. 隐蔽性环境效应

影响潜艇水下航行隐蔽性的环境因素有近海底、海水跃层、海洋中尺度涡、海水水色、海面风浪等。这些因素影响到潜艇航行时被水声仪器探测、卫星遥感尾流轨迹探测等。这些环境因素影响到潜艇水下航行被探测到的可能性，统称为潜艇隐蔽性环境效应。

5.2　海洋环境对海军作战的影响

海洋环境效应对舰艇海上作战产生了有利或不利的影响。下面我们就以登陆作战为例，分析海洋环境产生的影响。

5.2.1　登陆作战中的海洋环境效应

海洋环境对登陆作战的影响主要体现在对登陆地域和登陆时间的选择以及在登陆作战过程中的各种环境效应。不仅仅是前面案例中的潮汐对登陆作战有影响,还包括海岸形态、海流、风浪、海洋气象条件等都对登陆作战有影响。下面,我们分别介绍这些海洋环境因素是如何影响登陆作战的。

1. 海岸形态对登陆地域选择的影响

登陆地域是登陆作战中登陆兵上陆行动涉及的近海及海岸区域,由海域、暗滩和陆区组成,包括登陆地段和登陆点。

登陆地域的岸滩坡度的大小会影响登陆时的涉水深度、涉水距离的大小,也影响到舰船登滩、退滩的操纵。所以,使用登陆舰船输送登陆兵时,岸滩坡度最好为 5°～10°,最小 1°,最大 20°。此外,登陆地域的岸滩底质对登陆工具靠停影响很大。平坦的石底无锚抓力,抛锚的登陆工具不易保持锚位。软泥底锚抓力强,但易下陷,登陆兵和装甲车辆难以通过,影响上陆速度。对上陆较为有利的底质是较硬的沙或泥沙和砾石。

2. 潮汐对登陆作战的影响

登陆地域的潮汐状况直接影响着登陆舰艇的抢滩、退滩,影响登陆兵的上陆和武器装备的卸载,也直接影响着登陆兵的涉水距离和涉水深度。在潮差大的地段,利用较高潮位上陆可降低敌水中障碍的威胁,使登陆兵上陆点前伸,可有效减少登陆兵在海滩上的运动距离,利于提高上陆速度。但由于水位变化快,若不能在较短时间内完成第一梯队上陆,则会造成上陆后续梯队涉滩距离加大,而且增加了水中障碍物的威胁,造成上陆兵力的不连续。对于潮差大的地段或半日潮地区,这种效应更为显著。就登陆日选择而言,由于潮汐变化的周期性规律较强,通常最高潮位时段每月只有 1～2 次,如若错过,则可能要等待半个月或一个月。

3. 海流对登陆作战的影响

流速较大的海岸地带,会给登陆上陆行动造成较大的影响。具体表现:一是影响舰艇保持预定航线,难以准确在预期地点上陆;二是影响航速而造成协同上的困难;三是影响舰艇抢滩时的稳定性,造成人员、装备下船的困难。沿岸流的影响主要是使舰艇不能准确地在预定地点上岸,在流速较大时,还可能造成舰艇横位而不便抢滩。向岸流可以加快舰艇的相对速度,便于舰艇快速向岸靠近,但有时会造成登陆舰艇抢滩过深而难以退滩;而离岸流虽然影响上岸冲击速度,但便于舰艇的操纵,也便于退滩。因此,在登陆作战中应力争避免沿岸流,同时还应避免在流速较大的地段上岸。

4. 风浪对登陆作战的影响

风浪的大小对舰艇的航行以及执行作战任务都有直接的影响。在大风浪条件下,舰艇航行和操纵困难,在登陆编队庞大的情况下,易发生碰撞和混乱,直接影响上陆阶段的编队和进攻。此外,大风浪还可造成舰载航空兵起飞着陆的困难。拍岸浪对舰艇抢滩的稳定性和安全有较大影响,不仅会造成卸载和舰艇退滩的困难,较大的拍岸浪还可能造成登陆舰艇的损坏。因此,风浪条件对登陆地域及登陆时间的选择影响较大。由于登陆作战的整个行动时间、空间跨度比较大,要保证自出航到上陆阶段全过程都有良好的风浪条件是比较困难的,应按照"远好近差"的原则综合考虑,以保证在登陆作战的关键阶段有良好的风浪条件。

5. 海洋气象条件对登陆作战的影响

海洋气象条件影响航空兵的起飞与着陆,影响水面舰艇的火力准备和火力支援,同时对登陆兵力的编队、组织、协同、指挥具有重要影响。特别是海面大风和低能见度天气,对作战影响尤其明显。在第二次世界大战中,日军就利用阿留申群岛的海雾,实施登陆作战,抢占了阿留申群岛,一度对美国太平洋西北沿岸造成了威胁。

5.2.2　海洋环境影响登陆作战的案例分析

1. 美军血战塔拉瓦失败的案例

塔拉瓦是中太平洋上一个珊瑚岛礁,第二次世界大战中,它位于美军对日战略反攻的轴线上。

1943 年 11 月 20 日,美国海军中将斯普鲁恩斯率第二海军陆战师,进攻塔拉瓦岛。美军登陆艇按照海图所指示的航道向登陆场驶去,可是,海图标明通畅宽阔的航道上,竟布满了暗礁,使登陆艇无法接近登陆场,海军陆战师只好在离岸六百多米的地方涉水登陆。这时岛上的日军纷纷跳出掩体,用各种火器向暴露在水中的目标射击,到美军占领滩头阵地时,伤亡达1000 人之多。

战役后,斯普鲁恩斯责成有关部门对造成严重损失的原因进行调查,原来是美军当时使用的海图早已过时,那张图还是一百多年前测绘的。一个多世纪来,因岛屿周围珊瑚的繁衍堆积,原来通畅的航道已变得暗礁丛生,而美军领航人员对这些情况事先又未给予充分估计。

潮汐则是导致美军失败另外一个因素。塔拉瓦岛的附近潮汐很不规律,每天涨落几次,人们称之为"捉摸不定潮"。美军在不了解塔拉瓦岛潮汐规律的前提下,冒险登陆,不巧赶上低的"捉摸不定潮"。最终导致了这场"可怕的塔垃瓦战役"。

2. 诺曼底登陆战中海洋环境效应分析

第二次世界大战末期的诺曼底登陆集中体现了登陆作战中的军事海洋环境效应。诺曼底登陆作战的日期和先头部队的抢滩时间,都是充分考虑了当时的海洋水文、气象要素的影响之后确定的。

登陆作战的海区在大西洋东岸的法国和英国之间,海洋西宽东窄,最宽处有 220 km,东部的加来地区只有 33 km。西端的英吉利海峡海水最深处达 105 m,且风急、浪高、雾多,暗礁林立;东端的多佛尔海峡海水深度为 36~54 m。该海区比较适合军队大规模登陆的地域有三个:一是康坦丁半岛,这里上岸较为容易,但半岛地形狭窄、复杂,部队登陆后展开困难,不便于纵深发展进攻;二是加来地区,这里是距英国海岸的最近点,便于航渡,但离英国南部港口较远,兵力和物资输送不便,纵深发展不便;三是诺曼底地区,这里沿海地形开阔,且离英国南部港口较近,便于兵力和物资输送,但沿岸地形不利于登陆舰艇停靠。当时德军普遍认为盟军将在加来地区登陆,而盟军最终选择在诺曼底登陆。

诺曼底地区是半日潮区,平均潮差 5.4 m,海滩的坡度很小,低潮时滩头纵深长达 300 m。陆军为了缩短通过海滩的时间,要求接近高潮时上陆。按上述要求,6 月上旬只有 4 天适合登陆。盟军对诸多因素进行反复比较后,决定登陆日选择在 6 月 5 日。

在诺曼底登陆战役中,盟军因气候不利而一再推迟进攻,空军因此受到巨大损失。然而德军对海洋及气象变化关注不够,认为整个 6 月的恶劣海洋气象状况使盟军的登陆难以实施,导致了德军抗登陆作战的失利。总之,盟军诺曼底登陆,是充分利用海洋环境效应取得登陆作战胜利的典型案例,是值得我们认真研究和分析的。

思 考 题

1. 舰船稳性环境效应有哪些?
2. 舰船快速性效应有哪些?
3. 舰船操纵环境效应有哪些?
4. 潜船海洋环境效应有哪些?
5. 潜船隐蔽性环境效应包括哪些环境因素?
6. 潮汐效应对登陆作战的影响是什么?
7. 气象效应对登陆作战的影响是什么?

参 考 文 献

[1] 冯士筰,李凤岐,李少菁,等.海洋科学导论[M].北京:高等教育出版社,1999.

[2] 张永刚. 军事海洋学概论[M].北京:海潮出版社,2006.

[3] 孙文心,李凤岐,李磊. 军事海洋学引论[M]. 北京:海洋出版社,2011.